至聖先師孔子之位

監修者――木村靖二／岸本美緒／小松久男／佐藤次高

［カバー表写真］
孔子像
（明代，曲阜・衍聖公府蔵）

［カバー裏写真］
孔子講学イメージ
（曲阜・孔子六芸城・七二賢塑像）

［扉写真］
孔子塑像
（1985年復元，曲阜・孔子廟大成殿神位）

世界史リブレット人**10**

孔子

我，戦えば則ち克つ

Satomi Takagi
高木智見

目次

孔子墓

孔子とその史料状況

孔子(前五五一～前四七九)の墓は、山東省曲阜《きょくふ》城の北に広がる孔林に現存している。孔林とは、孔一族歴代の墓域であり、その中央南寄りに位置する孔子墓は、意外に質素で小さく、雑草(易の筮竹《ぜいちく》を作るための蓍草《しそう》ともいう)がおおう土饅頭と石碑および香炉台だけからなる。歴代王朝に手厚く庇護された孔一族の権勢を以てすれば、壮麗なものとすることは容易であったはずである。そうならなかったのは、一日の作業で築ける程度の墓でよい、との孔子本人の遺志(『礼記《らいき》』檀弓上《だんぐうじょう》)が尊重されてきたためであろう。

孔子墓と比べるとき、孔林の大きさはきわだっている。孔林は、世界最大の規模と最長の持続時間を誇る同族墓とされ、保存状態も素晴らしい。十万基以上の墓ならびに同数の樹木が林立し、かつては共産党ゲリラの潜伏地ともなったという。総面積一八〇ヘクタールをこえる孔林は、帝王の宮殿を思わせる荘《そう》重華麗《ちょうかれい》な孔子廟ならびに孔府(歴代子孫の居所)とあわせて「三孔」と呼ばれ、孔子が、二五〇〇年来の中国にたいし、いかに絶大な影響を与え続けてきたのかを如実に感じさせる。

曲阜を訪れただれもが抱くこのような印象を、二十世紀中国を代表する二人の碩学《せきがく》が明確な言葉にしている。民国期の歴史学者、柳詒徴《りゅういちょう》▲は、名著『中国文化史』において、孔子は中国文化の中心であり、孔子が存在しなければ、中国文化も存在しない。孔子以前数千年の文化は、孔子によって伝わり、孔子以後数千年の文化は、孔子によって開かれた。かりに将来、中国国民が世界各国の新文化に同化するとしても、過去の中国と孔子の関係は、打ち消しがたい歴史的事実として認められるに違いない、と述べる。

同じ民国期の梁啓超《りょうけいちょう》▲は、おおむねつぎのようにいう。中国文明は孔子をもって代表させることができ、かりに孔子を除いて中国史を考えるなら、真っ暗でなんの色もないものとなろう。かつまた二千年来、中国が一つにまとまり、

▼**柳詒徴**(一八八〇〜一九五六) 民国期の歴史学者、教育家。五・四運動などの極端な欧化主義に反対し、中国伝統文化の価値を正しく評価して、西欧文化とのより良い融合をはかるべきと主張。『学衡』誌上で論陣を張った学衡派の主要メンバーであり、顧頡剛《こけつごう》ら疑古派との論戦でもよく知られる。主著は『中国文化史』『国史要義』など。

▼**梁啓超**(一八七三〜一九二九) 清末、民国初期の政治家、思想家、学者。師の康有為《こうゆうい》とともに主導した戊《ぼ》戌《じゅつ》変法に挫折して、日本に亡命。帰国後、激動する民国初期の政治に改良主義者として積極的に関与したが、欧州視察の後に政界を引退し、研究教育に専念する。『先秦政治思想史』『中国歴史研究法』など著書多数。

三孔位置関係図

（『曲阜孔廟孔林孔府』世界図書出版公司，2008年を基に作成）

孔林へ至る神道

孔府

孔廟全景

なんとか存在できてきた理由は、実に孔子が精神的な基軸であったことに負っている。今後の社会や教育の方針は、孔子の教義をその中核とすれば、広く受け入れられ有効なものとなるに違いない、と。

両氏によれば、孔子の学問や主張は、孔子以前の中国文化の集大成であり、同時にまた孔子以後の中国文化の起点でもある。さらにまた孔子こそが中国を中国たらしめてきた中国文化の象徴である。少なくとも二十世紀以前の中国においては、こう考えられてきたのであり、それは基本的にいまも変わらない。だからこそ、伝統文化の否定をスローガンとする五・四運動や文化大革命において、孔子を徹底的に批判・糾弾する意味があったのである。

このように孔子は、死後二五〇〇年をへてなお中国にたいし、さらには日本を含む東アジア、ひいては全世界に多大な影響を与え続け、偉大な思想家、教育者、政治家として知られる。いうまでもなく、孔子が残した言葉(思想)と伝えた経典(文化)に、普遍的な意味と価値があると認められているからである。

したがって孔子について述べるには、後世における孔子および『論語』の受容史、ならびにそれらにかんして膨大に蓄積された過去の研究、さらには近年

▼何晏集解　何晏(?～二四九)による解釈書、『論語集解』のこと。何晏は、魏の人で、王弼《おうひつ》とならび、清談の祖として知られる。『論語集解』は、孔安国《こうあんこく》、馬融《ばゆう》、鄭玄などの所説を集め取捨し、自らの理解を示す。その特徴は、漢代の章句訓詁を詮索する立場にたいし、文意全体の把握に主眼をおく点、さらに易や老荘的傾向が見られる点などである。

▼皇侃義疏　皇侃(四八八～五四五)による解釈書、『論語義疏』のこと。皇侃は、南朝梁の経学者。中国では早く亡逸したが、日本に写本として伝存していたものが江戸時代に足利学校で発見され、中国へ伝わり大きな反響を呼んだ。六朝時代の論語理解を伝える意味で極めて貴重。武内義雄による詳細な校勘をへて、一九二四年に刊行されたテキスト全編は、『武内義雄全集』第一巻(角川書店、一九七八年)にも所収。

の出土史料にもとづく研究状況に言及する必要がある。しかし、そのすべてをカヴァーすることは、紙幅のかぎられた本書では到底不可能であり、あくまで春秋時代の孔子についてのみ論ずることとする。すなわち、中国文化の起点・象徴として、あの意外に小さな墓で眠る孔子だけを対象とする。ただし、その場合でも、出土史料の問題は、本書における議論が拠って立つ史料の信憑性と直結しており、ここでその概況と学術的意義について簡単に述べておきたい。

　周知のごとく、二十世紀以降の古代中国研究にかんして特筆大書すべき事柄の一つに、甲骨文、金文、木・竹簡など大量の出土文献の登場がある。詳細は、朱淵清《しゅえんせい》『中国出土文献の世界』(創文社、二〇〇六年)などにゆずるが、それらの出土文献には孔子や『論語』と直接かかわる内容のものが少なくない。たとえば河北省の前漢墓から、今本《きんぽん》(現在のテキスト)の五割に相当する『論語』の白文が出土し、北朝鮮でも最近、やはり前漢の『論語』竹簡が出土している。また敦煌やトルファンでは唐代の写本『論語』(白文、鄭玄注《じょうげんちゅう》、何晏集解《かあんしっかい》▲、皇侃《おうがん》義《ぎ》疏《そ》▲など)が発見されている。さらに一九九〇年代以降、続々と公表されている戦国時代中期の郭店楚簡《かくてんそかん》▲、上海博物館楚簡▲には、孔子ならびに孔門の弟子に関

▼郭店楚簡　一九九三年十月に湖北省荊門《けいもん》市郭店の楚墓から出土した総計八〇四枚の竹簡文書。「緇衣《しい》」「魯穆公問子思《ろぼくこうもんしし》」などの儒家文献、「老子」「太一生水」などの道家文献を含む。「語叢三」に、「毋意、毋固、毋我、毋必」とあり、『論語』子罕篇の「子絶四、毋意、毋必、毋固、毋我」とほぼ一致。

▼上海博物館楚簡　一九九〇年代に香港の骨董市場から上海博物館が三度にわたって購入した総計一六〇〇枚の竹簡文書。「孔子詩論」のほか、「魯邦大旱《ろほうだいかん》」「子羔《しこう》」「孔子見季《き》桓子《かんし》」「君子為礼」「子貢」「仲弓」「民之父母」「季康子《きこうし》問於孔子」などの諸篇が孔子と弟子の問答を主なる内容としている。

係する書籍や記述が大量に含まれ、なかには今本『論語』と完全に重なる記述もある。なお『論語』の出土テキストといえば、古く前漢時代に孔子旧宅から、いわゆる「孔壁古文論語▲」が出土したこと、さらに宋代以降、洛陽の後漢太学《たいがく》遺跡から、いわゆる「石経論語▲」が間歇《かんけつ》的に出土していることも附記しておかねばならない。

こうしたテキストの出土によって、孔子や『論語』にかんするまったく新たな知見が獲得されたり、関連・対応する伝来文献の正確な理解が可能になるといった直接的な影響が出ている。本格的な研究は緒についたばかりであるが、すでに、『論語』の読み方が着実に深化し、それにもとづき新たな孔子像が描き出され始めている。その学術的な意義の大きさははかり知れず、こうした状況に際会した現代人の幸運としかいいようがない。

しかし、とりわけ一九九〇年代以降の出土文献が有する意義は、たんにそれのみならず、『礼記』『大戴礼記《だたいらいき》』『韓詩外伝《かんしがいでん》』『説苑《ぜいえん》』『新序』、さらには『孔子《こうし》家語《けご》』『孔叢子《くぞうし》』などの孔子や孔門の弟子にかんする記述にたいし、まったくことなる扱いをする必要を生ぜしめることになった。従来これらの書物は、後

▼孔壁古文論語　前漢景帝期に孔子旧宅の壁中から出土した論語のこと。戦国以前の文字(いわゆる古文)で書かれていた。このテキストに、孔子の子孫である孔安国が「訓説(文字の解釈と文意の解説)」を加えた。司馬遷は孔安国に師事したことがあり、『史記』の孔子ならびに『論語』にかんする記述は、「孔安国の学」を反映しているとされる。

▼石経論語　後漢霊帝の熹平四(一七五)年に、易、魯詩、夏侯尚書、儀礼、春秋、公羊伝《くようでん》などとともに、魯論語が建立された。熹平石経とも呼ばれる。石経とは、標準テキストとして石に刻した経典のこと。右は、『論語』陽貨《ようか》篇の一部。左は、『論語』先進《せんしん》篇ならびに顔淵《がんえん》篇の一部。

代成立の文献、あるいは偽書として軽視、等閑視されるか、せいぜい「参考程度」に言及される場合が多かった(その傾向はいまも残る)。しかし、つぎの二点にもとづき、こうした伝来文献を慎重かつ大胆に活用する道が開かれたのである。第一は、郭店や上海博の出土文献が、これらの伝来文献と部分的に一致・類似しており、伝来文献の信憑性を肯定的に再検討する必要が生じたこと。第二は、それらの出土文献の研究により、古代における学問伝承や書物成立の実態が後世とはまったくことなることが明確となり、書物の成立年代と史料価値は切り離して考える必要が生じたことである。

要するに出土文献の最大の意義は、伝来文献の史料価値を再認識・再評価させ、孔子や『論語』にかんする史料を大幅に増加させたという点にある。もはや、『論語』を唯一の史料として孔子を理解する時代は過ぎ去ったのである。

本書では、こうした状況を踏まえたうえで、まず孔子の生涯と思想の概略を示し、後段の議論の前提とする。ついで彼の思想の核心ともいうべき仁の由来について、歴史的な観点から私なりの考え方を提示する。こうした作業をとおし、孔子ならびに春秋時代の歴史像を明確に浮かび上がらせたいと考えている。

『論語』全二十篇の構成　今本『論語』は、全二〇篇、約四九〇章(テキストにより章の分けかたが異なる)、総文字数一五八三六字、登場人物は孔子を含め一五六人。一般に二〇篇のうち、孔子と弟子の対話を基本内容とする前半一〇篇を「上論」と呼び、弟子やその他の人物の言葉を含む後半一〇篇を「下論」と呼ぶ。このうち「上論」最後の「郷党」篇は、孔子の日常起居に関する記録。また「下論」の後半五篇は、文体・内容・表現方法において他篇と顕著に異なる。とくに最後の「堯曰」篇は、わずか三章から成り、内容的にも特殊。

学而《がくじ》第一
為政《いせい》第二
八佾《はちいつ》第三
里仁《りじん》第四
公冶長《こうやちょう》第五
雍也《ようや》第六
述而《じゅつじ》第七
泰伯《たいはく》第八
子罕《しかん》第九
郷党《きょうとう》第十
先進《せんしん》第十一
顔淵《がんえん》第十二
子路《しろ》第十三
憲問《けんもん》第十四
衛霊公《えいれいこう》第十五
季氏《きし》第十六
陽貨《ようか》第十七
微子《びし》第十八
子張《しちょう》第十九
堯曰《ぎょうえつ》第二十

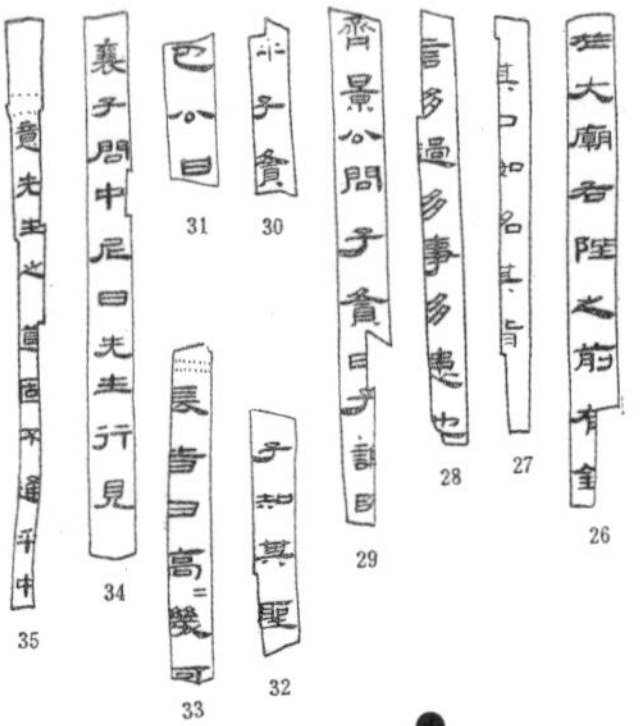
26 27 28 29 30 31 32 33 34 35

『論語』の白文　白文は、伝や注のない本文のみの抄本の意。一九七三年に河北省定県の漢墓から、「儒家者言」「哀公問五義」などとともに出土した。竹簡は総計六二〇枚、七五七六文字を数え、現時点における最古の論語テキスト。現在のテキストとは文字や章の分け方などにおいて異同が少なくない。

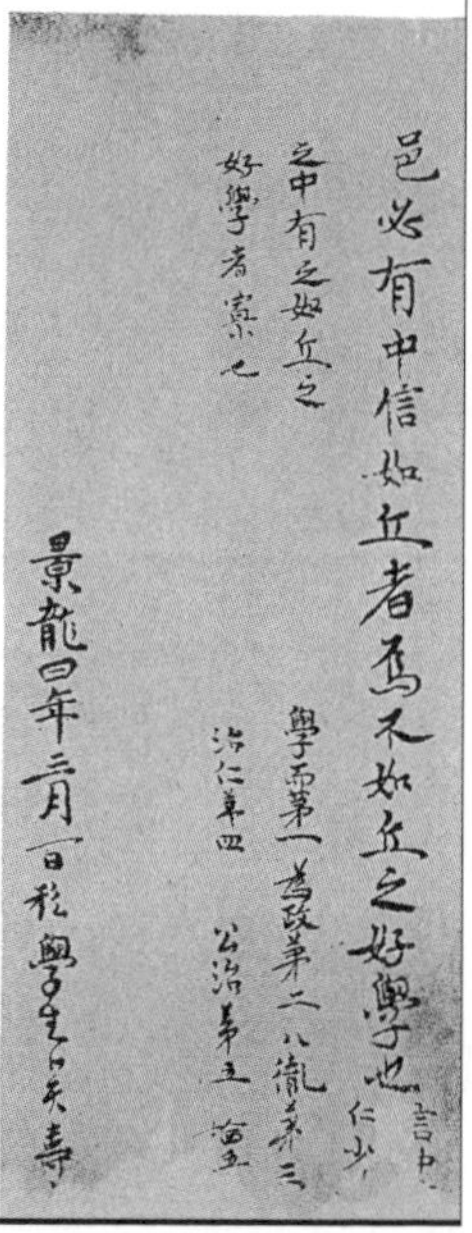

写本論語　二十世紀前半に敦煌莫高窟のいわゆる蔵経洞で発見された唐代抄本、ならびに一九六〇~七〇年代の発掘調査によりトルファンのアスタナ古墳群から出土した唐代抄本。論語の白文、鄭玄注、何晏集解、皇侃義疏などを含む。図は景龍四(七一〇)年に、一二歳の「私学生・卜天寿《ぼくてんじゅ》」が抄写した鄭玄注論語である。一行目に、公冶長篇の末章、「(子曰く、十室の)邑、必ず中(忠)信、丘《きゅう》の如き者有らん。丘の学を好むに如《し》かざるなり」が大字で抄写されている。それに続くのが鄭玄注で、「言うこころは、中(忠)信□の仁(人)、少□の中にこれ有るも、丘の学を好むが如き者寡きなり」とあり、過去未見の逸文である。さらに学而以下の篇名が続き、末行に、「景龍四年三月一日私学生卜天壽□」とある。当時のトルファン地区には、紙で死者の衣裳や葬具をつくる習俗があり、貴重な紙文書の出土につながっている。

①—生涯と理想

孔子の時代

孔子の経歴については、いまのところ『史記』孔子世家を唯一の確実な史料とする。そこには、孔子の生涯が編年的に記され、『論語』に見える孔子の主要な言葉が、いかなる状況で発せられたのかを具体的に知ることができる。岡崎文夫▲は、孔子の言と行を緊密に結びつけた司馬遷の叙述力について、「たんに論語を読んで抽象的に孔子を解《と》かんとするものとその撰《せん》を異にする」と評価している。その「孔子世家」の内容を凝縮した記述が、『史記』儒林列伝の冒頭に見えている。

西周中期以降、礼楽は廃《すた》れ、諸侯はおこないを恣《ほしいまま》にし、強国が政治を牛耳った。孔子は、王道が衰え、邪道が興ることを傷《いた》み、詩書を整理し、礼楽を整えた。……しかし世の中は混濁を極め、孔子を任用することができる諸侯はいなかった。それゆえ、七十以上の君主▲に仕官を求めたが、徒労に終わった。

▼岡崎文夫（一八八八〜一九五〇）　中国史研究者。東北帝国大学教授。主著に『魏晋南北朝通史』『支那史概説』『古代支那史要』などがある。

▼七十以上の君主　『史記』十二諸侯年表にも、「七十余君」に仕官を求めたとあるが、これらは『荘子』天運篇の「七十二君」に求めたとの記載にもとづいており、正確ではない。実際に訪れた国は、斉、衛、曹、宋、鄭、陳、蔡、楚である。

司馬遷は、孔子を、西周以来の歴史状況に位置づけたうえで、混濁しきった世の中を立て直すべく高い理想を掲げ努力を重ねながら、誰にも理解されなかった人物としてとらえている。いま、司馬遷にならい、孔子の歴史的位置をあらためて確認し、その生涯を振り返ることから説き起こすこととしたい。

孔子の一生は、春秋時代に起こった二つの事件によって定位することができる。一つは、孔子誕生に先立つこと六年、すなわち紀元前五五七年に、盟主・晋の悼公《とうこう》▲の死去を受けて、諸侯による会盟がおこなわれたことである。この出来事を、『春秋』襄公一六年は、諸侯が会し、「大夫（七四頁参照）、盟せり」と記している。各国の君主が列席したにもかかわらず、わざわざ大夫が盟を結んだと記す「筆法▲」について、『公羊伝《くようでん》』は、諸侯間の信義関係が大夫によって担われ、国君は「旗の飾り」と化していたため、と説明している。このときすでに、国君の権威は地に墜ち、国家が大夫の権威によって左右されていた、と見る『公羊伝』の状況認識はまったく正しい。孔子の一生を定位するもう一つの事件は、孔子の死の二年前、すなわち前四八一年（魯の哀公一四年）に、斉の田常▲が主君・簡公▲を弑殺《しいさつ》し、斉の実権を握ったことである。孔子は意を決して、

▼晋の悼公（前五八六〜前五五八）　暴虐の君主であった厲公が、貴族間の権力闘争により弑殺されると、周に逃れていた公子・周が本国に呼びもどされて即位した。これが悼公である。即位後、国内政治を整備し、諸侯との外交関係も回復して、晋の覇者としての地位をふたたび確立した。

▼筆法　孔子は、魯の国史『春秋』にたいし改変を加え、大義に照らした価値判断を微妙な文字表現に込めて示した。これがいわゆる「微《び》言大義《げんたいぎ》」であり、また毀誉褒貶《きよほうへん》を寓したことを指して「春秋の筆法」ともいう。

▼田常（生没年不詳）　陳国から斉へ亡命してきた田完の後裔。穀物を大きな升で貸し出し、小さな升で回収する方法などで民心を掌握して勢力を拡大した。簡公を弑殺し、平公を擁立して、実権を握った。

田常討伐の挙兵を三たび願い出たが、認められずに断念した。この事件は数世代の時間をかけて完結した、いわゆる「田氏代斉《でんしだいせい》」▲の一コマであるが、一般に、春秋時代と戦国時代を区分する象徴的な出来事の一つとされている。同じこの年、天下太平時に出現する瑞獣《ずいじゅう》である麒麟《きりん》が魯の郊外で捕獲されたことを知った孔子は、「吾が道、窮《つ》きたり」と述べ、『春秋』の執筆を中絶している。

二つの事件は、孔子の生涯が、歴史の大転換にともなう激烈な社会変動のただ中におかれていたことを明確に示している。変動の深刻さを、孔子自らも、以下の如く表現している。

天下に道があれば、礼楽征伐は天子より出で、無ければ諸侯より出づる。しかし諸侯が十代続けて実権を保持することは難しく、大夫に移る。しかしその大夫も五代はもたず、陪臣《ばいしん》が国命を執ることになるが、陪臣もまた三代はもたない。天下に道があれば、政《まつり》ごとが大夫の手中にあるはずもなく、庶人が政治を論ずることはない（季氏）。

この変動の本質とその歴史的意味については、杜正勝《とせいしょう》▲『編戸斉民《へんこせいみん》』が、端的に論じている。すなわち、この時期には、氏族的な社会構造のもとにおける

▼**簡公**（？～前四八一）　斉の悼公の子。悼公は、田乞（田常の父）の画策により即位するが、鮑氏によって弑殺された。それをうけて即位した簡公は、勢力を拡大した田常に弑殺される。在位はわずか三年。

▼**田氏代斉**　太公望呂尚《たいこうぼうりょしょう》を始祖とする斉国、いわゆる姜斉《きょうせい》は、覇者桓公のときに全盛を迎える。しかし桓公のときに陳国から出奔してきた陳完、すなわち田完の子孫に、やがて国ごと奪われてしまう。これを「田氏代斉」と呼ぶ。『史記』は、姜斉についての「斉太公世家」と田斉についての「田敬仲完世家」との二巻を立てている。

▼**杜正勝**（一九四四～　）　中国古代史研究者。中央研究院院士、中央研究院歴史語言研究所所長、故宮博物院院長、教育部部長などを歴任。主著に『周代城邦』『古代社会与国家』『従眉寿到長生』などがある。

血縁制、身分制が崩壊し、伝統的中国王朝の雛形としての中央集権的な体制が形成される。天子、諸侯、卿大夫がそれぞれの身分に応じて、王畿、邦国、采邑《さいゆう》といった相対的に独立性の高い政治社会組織を基盤として存立していた春秋以前の状態から、皇帝が全国に郡県郷里を施行して一円的に支配する体制へと変わる。それはまた、天子と人民の間にあって、さまざまな政治組織のもとに生活していた諸侯や卿大夫などの各種の身分が消滅し、すべての人民が一人ひとり戸籍に編入され、原則として法的に平等な位置を与えられる「編戸斉民」体制へと収斂する過程でもある。こうした体制の確立には、春秋中晩期から秦帝国の成立をへて、漢の武帝の時代にいたる、おおよそ五百年を要したが、それは一方で、この編戸斉民が、国家の軍隊組織の主力となり、地方統治機構（郡県郷里）の把握対象となり、さらにまた土地所有権の保有者となり、国家の法律保護の対象となり、里邑集落の構成員となる、といった諸現象と不可分の関係にあった。しかも、編戸斉民がおさめる租税と提供する労働力とによって、王朝が軍隊を組織し、官僚をやしない、統治をおこなう体制が、その後二千年にわたり継続した、というのである。

▼王畿　王朝権力が直接およぶ王都周辺の領土のこと。ただし、この地にも卿や大夫、さらには諸侯が分封されていた。諸侯については、畿外のそれと区別するために畿内諸侯と呼ぶ。

▼邦国　邦は、「封」に通じ、樹林で囲まれた領域、すなわち封彊の意。國(国)は、本来は「或」と書き、武装した城壁集落(邑)の意。邦と國をあわせて、当時の諸侯国の意となる。

▼采邑　「采」あるいは「采地」とも呼び、諸侯が卿大夫や士の一部に与えた世襲的領地のこと。その地の住民にたいする支配権も含む。采の原義は、木の果実を採るの意。

孔子の生涯

　この中国史上最大の転換期ともいうべき春秋末期、孔子は社会秩序を建て直し民を救う努力を、悲しいまで愚直に孜々《しし》として弛《たゆ》まず重ねた。しかし、司馬遷のいうとおり、その生涯は挫折につぐ挫折であり、終生、実力にふさわしい処遇を与えられず、真価を発揮しえない自己と向き合うしかなかった。そうした孔子の不満が、『論語』の諸処に見えている。「人知らずして慍《いか》▲らず。亦た君子ならずや」(学而《がくじ》)、「人の己を知らざるを患《うれ》えず。人を知らざるを患う」(学而)、「我を知るもの無きかな。……天を怨まず、人を尤《とが》めず」(憲問《けんもん》)などである。

　理解者を求め、五十の半ばをこえてから放浪すること一四年。地位獲得のため、ときには謀反者の誘いに応じようとし、あるいは老君の寵姫に接近して、弟子からたしなめられたりもした。その都度、「自分は苦い瓜のように、誰にも食べられぬまま、ぶら下がっているわけにはいかない」(陽貨《ようか》)、「自分がすまじきことをおこなうなら、天に見放されるだろう」(雍也《ようや》)といった弁解をしている。また価値ある玉は蔵するべきか、売るべきかとの弟子の問いに、「これ

▼慍　心の中に不平の気持ちがたまったことによって生ずるいかりの感情。これにたいして怒は、激情を抑えきれず、衝動的な言動としてほとばしりでるいかりのこと。

を沽《う》らんか、これを沽らんか。我は賈《こ》(商人)を待つ者なり」(子罕《しかん》)とこたえ、仕官への願望を率直にあらわしてもいる。

放浪の間、謀殺の危機にも一度ならず遭遇した。それでも、あてど無い旅を続ける孔子にたいし、「不可なるを知りてこれを為す者」(憲問)と評する者があり、「何をあくせく動きまわる。口先で誰かに取り入ろうとしているのか」(憲問)と揶揄《やゆ》する者もあった。憔悴《しょうすい》したそのみじめな姿を、「喪家《そうか》の狗《いぬ》▲(主人が死んで面倒を見てもらえない、はぐれ犬)」のようだと形容されても、微笑んで認めるしかなかった。飢えに苦しんだときには、つき従う弟子すらが、「君子もまた窮することありや」と、怒りの気持ちをかくさず、さらに、より直接的に、「我々の仁と知が、いまだ不充分なためなのでは」、あるいは「先生の理想が高すぎるためで、もう少し低くすべきでは」との不満をぶつけられもした(世家)。

結局、先に帰国をはたした弟子の画策などもあり、故国に迎えられて、放浪は収束する。しかし、その故国・魯もまた孔子を用いることはなかった。最晩年にいたった孔子自らも、もはや仕官は望まず、もっぱら弟子の教育と経典の整理に専念する。それでもなお、自らの境遇に納得できず、「吾、已《や》んぬるか

▼喪家の狗　『史記』孔子世家などに見える語。なお、西周から春秋戦国時代の魯国都城遺跡(現在の曲阜)にたいする発掘調査の成果が、『曲阜魯国故城』(斉魯書社、一九八二年)として刊行されており、『左伝』や『論語』に記される時代の魯の国都にかんする考古学的知見を得ることができる。それによれば、城内で発見された墓は、明らかに異なった氏族的特徴を有する二種類に分かれる。すなわち被葬者の頭が南向きで、腰坑《ようこう》(被葬者の腰の下に掘られた長方形の穴)と犬の殉葬をともなう殷族の文化的特徴を持つ墓群と、被葬者の頭が北向きで、腰坑と犬の殉葬をともなわぬ周族の墓群である。したがって、殷人である孔子にとって、喪家の狗とは、死者に殉じて犠牲となることが定められた存在と受け取られたとも考えられる。

●――春秋時代の中国・孔子の足跡

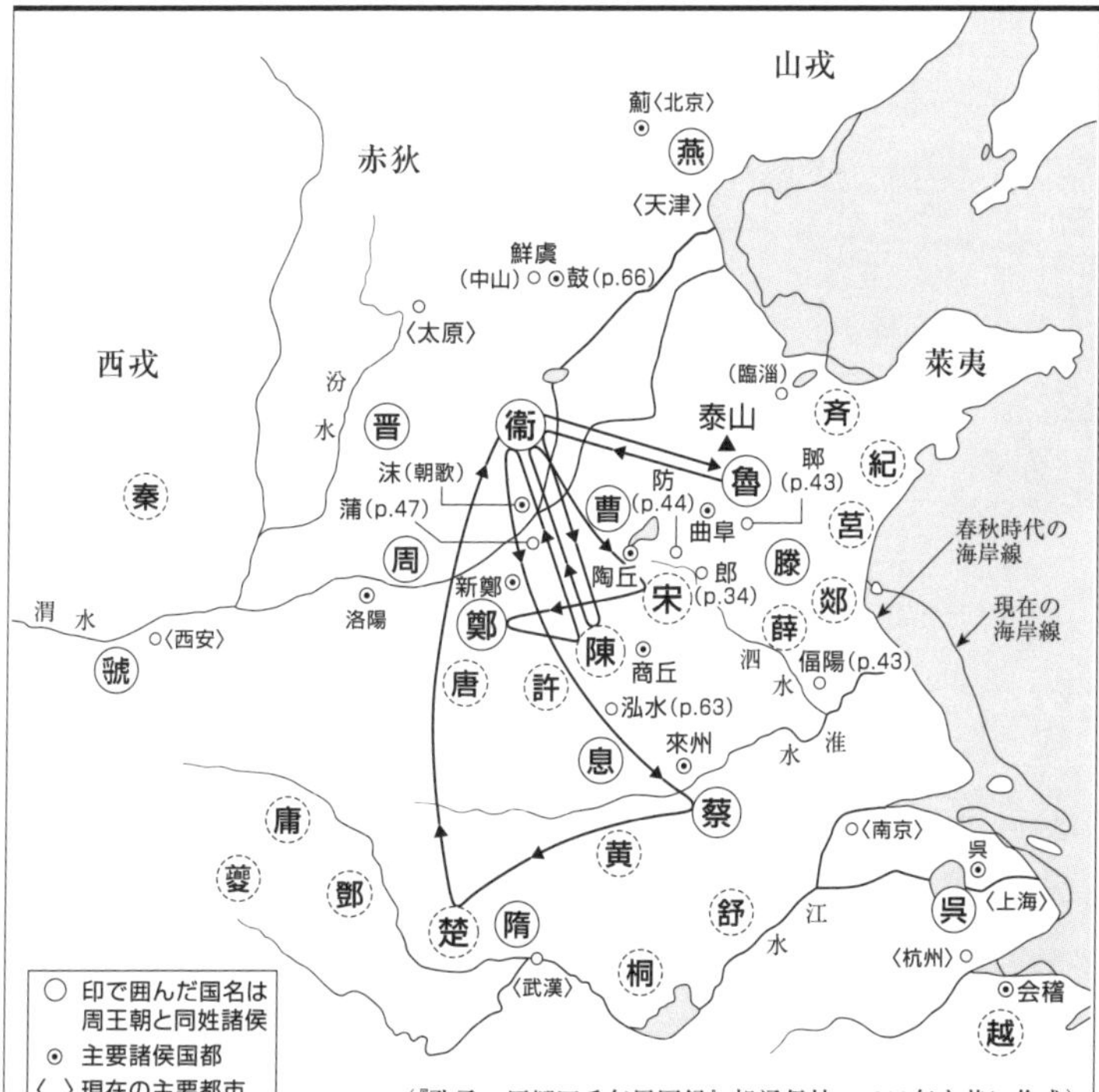

(『孔子の原郷四千年展図録』旭通信社, 1992年を基に作成)

●――春秋時代の魯国曲阜

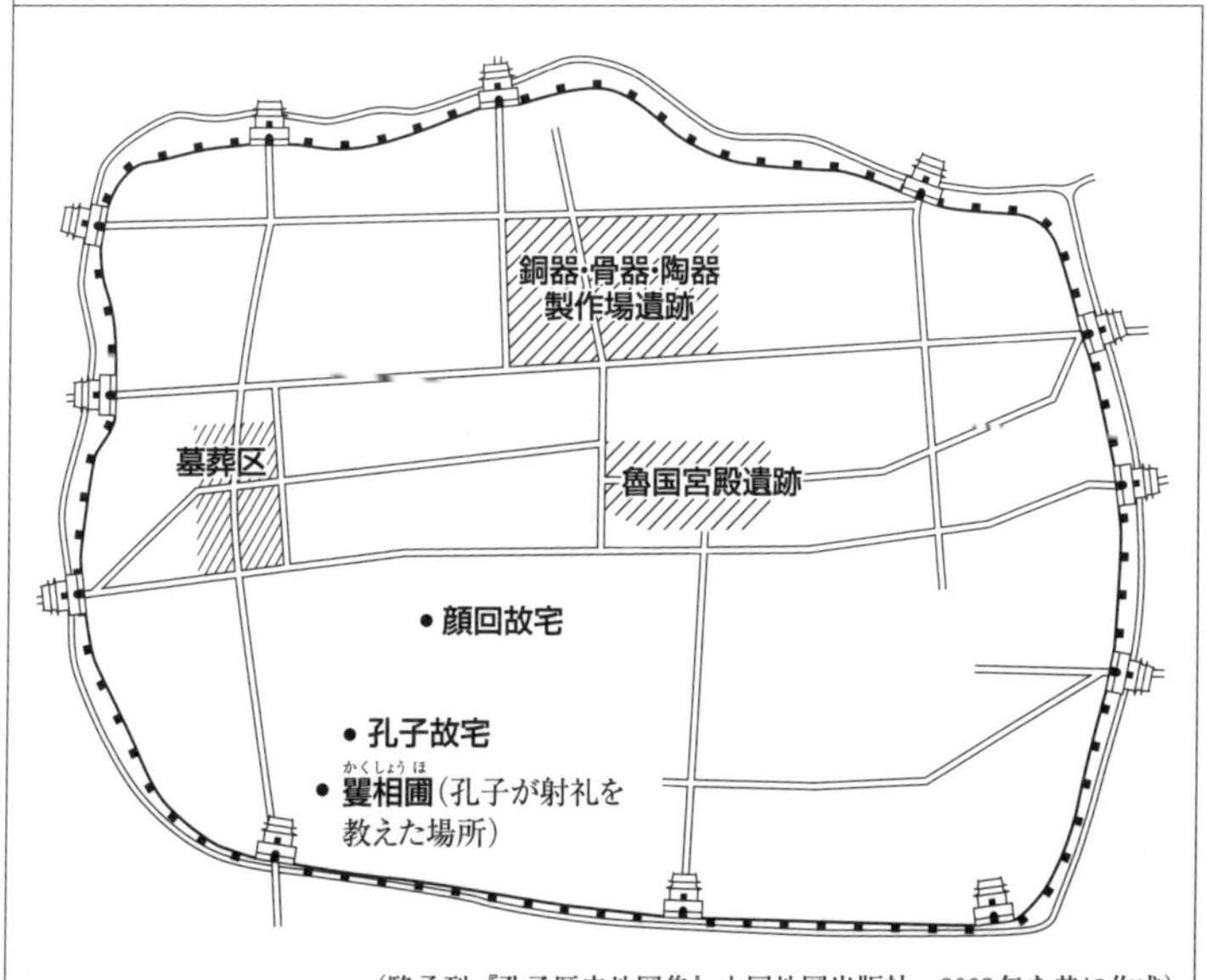

(駱承烈『孔子歴史地図集』中国地図出版社, 2003年を基に作成)

な」（子罕）、「天、予を喪《ほろ》ぼせり」（先進《せんしん》）、「吾が道、窮《つ》きたり」といった言葉を繰り返し、最後に「天下に私を師として仰ぐ諸侯は一人もいない」と述べて絶命する（世家）。まさに、挫折と失意のうちに一生を送ったのである。

しかしながら、自らにたいする不満や絶望を吐露し続けたことは、彼が死の瞬間にいたるまで理想を追い求め続けたことの証《あかし》でもある。「道をめざして進み、途中で力が足りぬときは休めばよい。老いを忘れ、余命が充分でないことにも気がつかず、ひたすら毎日努め励んで怠らず、死の瞬間まで止めない」（『礼記《らいき》』表記）◎と孔子が述べたのは、それが君子のあるべき姿であり、自分自身の生き方でもあった。つまるところ、挫折した徹頭徹尾の理想主義者、これが、孔子の生涯をあらわすもっとも適切な言葉であろう。

孔子の理想

ならば彼が一生をかけて追い求めた理想とはいったいなんであったのか。この点にかんする梁啓超《りょうけいちょう》『先秦政治思想史』の議論は明快である。梁氏によれば、孔子に端を発する儒家の理想とは、仁の世界の実現であり、それは、政治的上

◎表記　原文は、「道に郷《むか》いて行き、中道にして廃《や》む。身の老いを忘れ、年数の足らざるを知らず、俛焉《べんえん》として日び孳孳《じじ》たる有り、斃《たお》れて後に已《や》む」。

▼礼楽征伐　礼とは民衆統治や教化のため、社会秩序や社会規範を身体行為あるいは儀礼として実体化したもの。しばしば音楽にあわせて実行されたため、礼楽という。征とは、上の者が下の者を伐って正すの意。礼楽征伐で、文化ならびに社会秩序の統帥権を指す。

位者が身をもってまず実行することによってのみ可能となる。社会のすべての人々が情に厚く心優しく、ともに仁に向かえば、天下国家の治平は、容易に達成できる（八三頁）。そもそも天下万民がすべて君子になるあかつきこそ、儒家の「全民政治」が実現するときである（一八一頁）、と。

梁氏のいうように、孔子がめざしたのは、天下に道があり、礼楽征伐▲が天子より出でる状態、すなわち、「君は君たり、臣は臣たり、父は父たり、子は子たり」（顔淵《がんえん》）の如く、天下万民のそれぞれが、自らに与えられた役割をはたし、衣食に事欠かず、信義で結ばれ、仁に向かうという状態の実現である。それを可能にするのは、政治的上位者たる君子にほかならず、君子の要務は、「己を修め」「人（族人）を安んじ」、さらに「百姓《ひゃくせい》を安んずる」ことであった（憲問）。そのため、「政とは正なり。子帥《ひき》いるに正を以てすれば、孰《たれ》か敢えて正しからざらん」（顔淵）、「子、善を欲すれば、民、善となる。君子の徳は風、小人の徳は草。草はこれに風を上《くわ》うれば、必らず偃《たお》る」（顔淵）などとあるように、君子はつねに己を正しく律し、人が人である模範を垂れ、下位者を導かねばならなかった。己を修めるとは、「仁」を獲得することであり、以下の如く、君子が仁をめざせば、民もまた仁の獲得に向けて努力すると考えられた。

一日、己に克ちて礼に復《かえ》れば、天下、仁に帰す（顔淵）

君子、親（親族）に篤《あつ》ければ、則ち民、仁に興《おこ》る（泰伯《たいはく》）

天子より以て庶人に至るまで一に是れみな修身（仁の獲得）を以て本《もと》と為す（『大学』）

万民が仁を獲得した世界の実現を孔子がめざしたこと、すなわち仁こそが孔子思想の核心であるということにかんして、古来、異論はない。古く戦国末、諸子思想の本質を一言でいいあらわした『呂氏春秋《りょししゅんじゅう》』不二篇《ふじへん》は、孔子は「仁」を貴ぶ、としている。民国の謝無量▲は、孔子の日常的な発言や孔子が編集した五経におけるすべての徳目が、仁に包含される。したがって仁は、「衆徳の統（あらゆる徳目の統一体）」にして、「万善の源」であり、修身・斉家・治国・平天下のいずれも、仁の作用でないものはない。儒家教学の要綱である仁義礼智信の五常▲も、結局は仁に収斂する、と述べる。また劉節▲も、孔子の仁とは、学問・交友・治国のすべてに応用できる「衆徳の原」であり、倫理・教育・政治にかんする孔子の全思想が、仁によって貫かれているとする。そのうえで、

▼**謝無量**（一八八四〜一九六四）　文学者。四川大学、人民大学教授などを歴任。主著に『中国哲学史』のほか、『詩経研究』『楚辞新論』などがある。

▼**五常**　人間がつねに変わらず践みおこなうべき五つの常道の意。『漢書《かんじょ》』芸文志《げいもんし》ならびに董仲舒《とうちゅうじょ》伝に「五常の道」として見え、『白虎通《びゃっこつう》』情性に、人は生まれて木金火水土の五気を得、それぞれに対応する仁義礼智信を五常となす、とある。

▼**劉節**（一九〇一〜一九七七）　歴史学者。中山大学教授などを歴任。主著に『中国古代宗族移植史論』『古史考存』『中国史学史稿』などがある。

「唯仁論」なる語を用いて孔子思想を総括している。日本でも、たとえば狩野《かの》直喜《なおき》▲は、「孔子は仁を以て人間最上の美徳となし、学問の目的は要するに此の仁を求むるにありとした」と述べ、林秀一▲も、「『論語』二十篇の大意を要約すると、結局「仁」の一字に帰着する。……その仁を自己に体現し、自己が仁そのものとなることが、人間究極の道であると悟られた」としている。

しかしながら上述の如く、孔子が生を受けた時代は激烈な社会変動期であった。春秋以前の重層的な権力構造を基盤とするいわゆる邑制国家▲の体制から、中間の諸侯・貴族層が一掃され、専制君主が編戸斉民を統一的に支配する集権国家へと変化しようとしていたのであった。この大転換にさいし、孔子が唱えたのは、仁の世界の実現のため、統治者がまずもって己を修め仁を体得・実行せよ、という高邁《こうまい》に過ぎた理想であった。また孔子が熱く語ったのは、自らの理想が実現していたと信じてやまぬ西周時代への憧憬《どうけい》であった。これにたいし統治者たちが現実に必要としたのは、のちの法家や兵家、縦横家の言説に示されるような、功利主義的な国家統治術であり、外交ならびに軍事戦略であり、ひいては富国強兵のための具体的な方針・方策であったはずである。

▼**狩野直喜**（一八六八〜一九四七）中国哲学研究者。京都帝国大学教授。主著に『支那学文藪』『読書纂餘』『論語孟子研究』などがある。

▼**林秀一**（一九〇二〜一九八〇）中国哲学研究者。岡山大学教授などを歴任。主著に『孝経述議復原に関する研究』『孝経学論集』などがある。

▼**邑制国家**　邑とは本来、同族集団が集居する城壁集落のことで、その周囲に耕地が広がっていた。春秋以前の国家は、大邑と呼ばれる中心的な邑が、複数の邑を統合して成立していたため邑制国家と名づけられている。都市国家、城市国家、城邦などの名称が用いられることもある。

理想と現実のこの圧倒的な乖離《かいり》こそ、孔子が挫折した理由にほかならない。孔子の主張が時代錯誤であったことは、弟子の子路《しろ》すらが「迂《う》なるや」(子路)と率直に述べ、晏子《あんし》▲もまた、儒者の学問は何世代かけても究めつくせず、彼らの礼は一生かけても身につかない、とその非現実性を指摘している(世家)。

仁の追求

それにもかかわらず、冒頭で述べたように、孔子はいまなお大きな影響力を保ち、その生き様に多くの人が魅了されている。いったい何故、我々は、この時代錯誤の理想主義者に魅せられるのか。その理由は、孔子にもっとも魅せられた弟子、顔回▲に求めるべきであろう。顔回にとっての孔子とは、自分を順序に従い学問の道に引きいれ、止めようと思っても止められないほど才能を出しつくさせる存在であった(子罕◎)。顔回は、陋巷《ろうこう》(貧民街)に住まい、わずかの食物と飲み物だけの生活のなかで、「其の進むを見て、未だ其の止まるを見ざる」(子罕)と孔子によって讃歎される努力を重ねた結果、夭逝してしまう。しかし顔回当人は、「回や其の楽しみを改めず。賢なるかな回や」(雍也)とやはり孔子

▼晏子(?〜前五〇〇)　名は嬰《えい》、字は平仲。節倹謹行にして博聞強記。宰相として斉の霊公、荘公、景公に仕え、しばしば諫言を呈した。重刑・重税に反対し、農業生産を重視。古い身分制や鬼神観念を相対化した能力主義・合理主義的な側面を見せる。その言行・事跡を伝える書に『晏子春秋』がある。

▼顔回(前五二一〜前四八一)　字は淵。頭脳明晰にして人格高尚。孔子がもっとも期待を寄せた愛弟子。孔子に先だって夭逝したとき、孔子は、天が自分を滅ぼした、と慨嘆した。

◎子罕　原文は、「夫子、循循然《じゅんじゅんぜん》として善く人を誘う。我を博むるに文を以てし、我を約するに礼を以てす。罷《や》めんと欲すれども能わず、既に吾が才を尽くせり」。

に賞讃されたように、常人ではたえられないその生活を楽しんでいた。

理想を追求することは、自らの生命を含む一切に優る価値を有し、しかもそれ自体が美しい、と教えてくれる。孔子とは、顔回にとってそのような存在であった。無論、顔回の生き方は、顔回を導き、もっとも愛しもっとも評価した孔子自身の生き方であった。つまり顔回は、一途に理想を追求するという孔子の姿勢に惹《ひ》かれたのであり、両者の間には、理想を追求する人間どうしだけが抱くことのできる共鳴・共感があったに違いない。

いま、孔子の理想追求、すなわち仁を体得する具体的な過程を示す文章を抜き出して、その魅力を再現してみよう。まず、どうすれば仁を獲得しうるのか。

①仁を実行するのは、自分の力であって、他人の力に頼るわけではない(顔淵)

②仁は遠くはない。自分が欲すれば、そこに仁がやってくる(述而《じゅつじ》)

③どうすれば良い、どうすれば良いと自分に問いかけない者を、導くことはできない(衛霊公《えいれいこう》)

④徳をおさめられないこと、学問が進まないこと、正しいことを聞いても従えないこと、欠点を改められないこと、これらが私の悩みである(述而)

①原文は、「仁を為すは己に由る、人に由らんや」。

②原文は、「仁、遠からんや、我、仁を欲せば、斯《ここ》に仁、至る」。

③原文は、「これを如何《いかん》せん、これを如何せんと曰わざる者は、吾はこれを如何ともするなし」。

④原文は、「徳の修まらざる、学の講ぜざる、義を聞きて徙《うつ》る能わざる、不善改むる能わざる、これ吾が憂いなり」。

もっとも必要なことは、仁を体得するという覚悟を自分自身が持つことである。内発的な自覚、いわば「発心《ほっしん》」こそが、いっさいの出発点である。自らを見つめ、不完全なる自己を少しでも完全に近づけたいと強く思うことが求められる。ただし自覚なるものは、外側から与えられるものではなく、内に生ずるのを待つしかない。自覚が生ずれば、おのずと仁の獲得に向けた向上心が生まれ、絶えざる努力が可能になる。自分の限界を自分で決めつけ、自ら可能性を閉ざし、努力を放棄するようなことはなくなる。不可能であろうと、それに立ち向かう勇気と力がおのずと生ずる。

⑤実力の無い者は、途中で放棄する。前に進めないのは、自分自身で限界だと決め込んでいるだけである（雍也）

⑥山を築くことに譬《たと》えると、あと一簣《ひともっこ》で築けるというときでも、そこで止めれば、ほかならぬ自分が止めたのである。大地を平らにする作業に譬えると、わずか一簣の土でならしただけでも、その分だけ、作業は進む（子罕）

⑦不可能を知りながら、あえておこなう者、それが孔子だ（憲問）

仁を獲得する過程に終わりはない。つねに自らの現状に満足せず、自らをか

⑤原文は、「力足らざる者は中道にして廃す、今、女は画《かぎ》れり」。

⑥原文は、「譬うれば山を為るが如し。未だ成らざること一簣なるも、止むは吾が止むなり。譬うれば地を平らかにするが如し。一簣を覆《くつがえ》すと雖も、進むは吾が往《い》くなり」。

⑦原文は、「これ其の不可を知りてこれを為す者か」。

えりみて不足を探し、いま以上の努力によって補い、それを死の瞬間まで、維持・継続する。謙虚こそが、自らを努力へと駆り立てる。孔子も自らが努力の人であることについては、強い自負を持っていた。

⑧学問に打ち込み、やる気を出せば食事を忘れ、楽しめば悩みも忘れる。老いが迫っていることも意識しない（述而・孔子の自己評価）

⑨士とは、仁の実現を自らの任務と為し、死ぬまで継続する。なんと重く、なんと遥《はる》かな道のりであろう（泰伯・曽子《そうし》の言）

⑩忠信であることが私程度の人間は、十軒ほどの村にもかならずいるはずだ。しかし、そのような人々も、学問を好むことにおいては、私にはおよばぬであろう（公冶長《こうやちょう》）

また謙虚であれば、何事にも素直で、物事を直視し、誰からも学ぶことができる。

⑪知っていることを知っているとし、知らないことは知らないとする。これが知るということである（為政《いせい》）

⑫考え過ぎず、決めてかからず、頑固にならず、我《が》を張らない（子罕）

⑧原文は、「発憤して食を忘れ、楽しみ以て憂いを忘れ、老いの将に至らんとするを知らず」。

⑨原文は、「仁以て己が任と為す。亦た重からずや。死して後已《や》む。亦た遠からずや」。

⑩原文は、「十室の邑に、必らず忠信なること丘の如き者あらんも、丘の学を好むには如《し》かざるなり」。

⑪原文は、「これを知るをこれを知ると為し、知らざるを知らざると為す、是れ知るなり」。

⑫原文は、「意することなく、固することなく、必することなく、我することなし」。

⑬賢者を見れば、自分もかくありたいと願い、不賢者を見れば、自分も同じではないかと内省する（里仁《りじん》）

もっとも努力の過程で、過ちを犯すことは誰にもありうる。問題は、それにどう対処するかである。自ら気づいても、人に気づかされても、謙虚に反省し、二度と繰り返さない。過ちを認め、改める意思と態度があれば、自他を問わず、その点を信じ過ちを許し将来を望む。

⑭過ちを犯しても改めないこと、これを過ちという（衛霊公）

⑮君子の過ちは、日食や月食と同じである。つねに人々が見ていて、改めると、皆がこれをあおぎ見る（子張《しちょう》・子貢《しこう》の言）

⑯人が己をいさぎよくして前に進むならば、過去は問わず、前進することを評価する（述而）

仁を求める最高の姿は、こうした自己に厳しい努力の日々を自らの使命とみなし、それを楽しみとする境地にいたることである。しかも、そこにいたったうえで、なおかつ博く学び志を守り、必死に問いたずね自分に引きつけて考え抜く。その中にこそ、仁は存在する。

⑬原文は、「賢を見ては斉《ひと》しからんことを思い、不賢を見ては、内に自ら省みる」。

⑭原文は、「過《あやま》ちて改めず、これを過ちと謂う」。

⑮原文は、「君子の過つや、日月の食の如し。過つや人皆これを見る。更《あらた》むるや、人皆これを仰ぐ」。

⑯原文は、「人、己を絜《いさぎよ》くして以て進めば、その絜きに与《くみ》し、その往を保せず」。

⑰物事を知っている人は、物事を好む人にはおよばない。物事を好む人は、物事を楽しむ人におよばない(雍也)

⑱広く学び熱心に志し、必死に問いたずね自分の問題として考える。仁は、そうした過程のなかにある(子張)

しかも、いついかなるときであれ、つねに仁によって生きなければならない。

⑲君子は仁を失えば、君子の名に値しない。食事を済ますほどの間も仁に違うことはなく、忙しく慌《あわ》ただしいときも、差し迫っているときにも、つねに仁を基準として離れない(里仁)

このような狂おしいまでの情熱を以て仁を求める孔子の姿勢に魅力を感じ、共鳴・共感したのは、顔回一人ではなかった。程度の差はあれ、孔子のすべての弟子がそうであり、孔子に私淑《ししゅく》した孟子、尊崇した司馬遷もそうであった。否、おおよそ、時間・空間・民族をこえ、些《いささ》かでも理想を求め、自己を向上させようと志す者であれば、それがいかなる「道」であろうと、孔子の求道精神に魅せられ、共鳴・共感しないはずがない。

つまり、孔子が主張したのは、人は自己の理想をどのように追求すべきか、

⑰原文は、「これを知る者はこれを好む者に如かず。これを好む者はこれを樂しむ者に如かず」。

⑱原文は、「博く学びて篤《あつ》く志し、切に問いて近く思う。仁、其の中に在り」。

⑲原文は、「君子仁を去りて悪《いず》くにか名をなさん。君子は終食の間も仁に違《たが》うことなし。造次《ぞうじ》も必ず是に於いてし、顛沛《てんぱい》にも必ず是に於いてす」。

他者にたいしてはいかに臨むべきか、社会とはどう折り合いをつけるべきか、といった倫理・教育・政治の原点にかかわることであった。人が生きるうえでのもっとも根源的な原則とも言い換えることができよう。たしかに、それは春秋時代が抱える固有の課題にたいしては迂遠《うえん》であったかもしれない。しかし、それは人類が求め続ける普遍的な問いにたいする明確な回答となっている。これこそ孔子の魅力であり、後世の人々が孔子に惹かれ、『論語』が、二五〇〇年をへていまなお多くの国々で読み継がれている理由にほかならない。

仁とは何か

孔子は以上のように仁を追求したのであり、人は、こうした過程を践《ふ》んだ孔子に惹かれるのである。ならば、その仁とはいったいいかなるものか。上述の如く、仁が孔子思想の核心であることについて疑義をはさむ者はいない。しかし、仁の内容については、諸説紛々としており、日本語に限っても、仁だけを論じた専著▲を三冊あげることができる。そのように仁の本質についての理解が一致しない最大の理由は、じつは仁そのものにある。孔子にとって仁とは、言

▼**仁を論じた専著**　三冊とは、山口察常《さつじょう》『仁の研究』(岩波書店、一九三六年)、竹内照夫『仁の古義の研究』(明治書院、一九六四年)、下斗米《しもとまい》晟《あきら》『仁の研究』(大東文化大学東洋文化研究所、一九六六年)である。

語によって理解・表現する対象ではなかった。すなわち、たんなる知識ではなく、自らが具体的言動によって実践すべき智慧であった。実践こそが喫緊《きっきん》の課題であり、定義をくだすなどは無用のことであった。それゆえ、仁とはなにかという弟子の問いにたいし、抽象的な言葉によって回答することはなく、実践を促《うなが》すため、弟子の能力や性格に応じた具体的な表現がなされた。だからこそ、弟子ごとに答えが異なり、後代から定義することが困難になっているのである。

ならば、孔子の唱えた仁とはなにか。あえて私の結論を示せば、ほぼ周予同▲の見解に近く、仁とは、人を人として扱い、愛し思いやる態度▲のことである、と考える。詳しくいえば、「それ仁者は、己《おのれ》立たんと欲して人を立て、己達せんと欲して人を達する」（雍也）とあるように、他者の願望を自分の願望に先だって成就させること。また「己の欲せざるところは人に施すことなかれ」（顔淵）の如く、自分が望まぬことを他者に押しつけないこと。この両側面、すなわち前者の「忠」と後者の「恕《じょ》」とを合わせ持つ愛こそが、仁である。

つまり、既存の秩序が崩壊しようとしていた春秋末期において、社会は人と人とが仁で結ばれた関係を基軸として構成されるべきであり、その仁を実践し

▼周予同（一八九八～一九八一年）　中国経学史研究者。商務印書館編訳書編輯、復旦大学教授などを歴任。主著に『周予同経学史論著選集』（上海人民出版社、一九八三年）などがある。

▼愛し思いやる態度　たとえば、仁とはなにか、という弟子の樊遅《はんち》の問いにたいし、孔子は「人を愛する」ことと答えている（顔淵）。また孔子は、「君子、道を学べば、則ち人を愛する」と述べている（陽貨）。

て、民の手本となるべき要務を担うのが君子である、と孔子は主張した。それは、孔子が人間なる存在をもっとも深層においてとらえたうえで唱えた智慧であるため、人間と社会にかんする普遍的な原則たりえているのである。

では孔子は、その仁をどのようにして発想したのか。長々と述べてきたが、本書の課題は、孔子や『論語』などにたいして歴史的な観点から接近し、孔子の仁を、春秋時代という固有の歴史的な位置に還元して理解することである。

前述の如く、孔子の主張はいつの時代にも通用する普遍性を有する。そのため、『論語』などに見える孔子の言葉は、時代や歴史的背景に結びつけなくとも理解可能であり、教訓や示唆を受け取ることができる。たしかにそうした理解も、古典の読み方として成立しうる。しかしそれは、しばしば読み手の価値観を確認するにとどまり、古典本来の意義を明らかにし、真の孔子理解をはたすにはいたらない。そこで、物事を本質的に理解するには、その起源をたずね、形成過程に即して理解すべし、という歴史的理解の方法を、孔子が唱えた仁にたいして試みようと考えるのである。こうした歴史的理解の必要性は、古くから唱えられ、かつて竹添進一郎《たけぞえしんいちろう》▲は、つぎのように述べている。

▼**竹添進一郎**（一八四二〜一九一七）外交官、漢学者。主著に『桟雲峡《さんうんきょう》雨日記《うにっき》』『左氏会箋《かいせん》』『毛詩会箋』『論語会箋』などがある。引用箇所は「復命曲園大史書」(『独抱楼詩文稿』第三冊所収)の一部。原文は、「『左氏』を読んで孔子の世を知り、然る後『論語』を三復し、身を当時に置き、瞑目して之を思わば、孔子の学、その髣髴《ほうふつ》を得ん。是れ『左氏』一書の洙泗の津梁《しんりょう》たる所以なり」。

『左伝』を読んで孔子の時代を理解したのちに、『論語』を熟読玩味し、自らを当時の状況に没入させ、目をつむり思いを馳《は》せれば、孔子の学問が、あたかも眼前に浮かぶように理解できる。これこそ『左伝』が、魯の都へ行くために渡る洙水《しゅすい》や泗水《しすい》の橋と同様、孔子の学問へ接近する架け橋である理由である。

狩野直喜もまた、歴史の具体状況に即して理解すべき▲ことを訴えている。

孔子の言語の真意を知らんと欲せば、孔子と問答した人物は如何、若《も》しくば孔子の時代は如何という事を知悉する要あり。それには『左伝』『史記』等を能《よ》くよく熟読すべきなり。之《これ》を見れば孔子訓言の由《よ》って出づる理由を知るに足る。勿論、孔子の教は普遍的なれど、孔子が或《ある》特別の人に対し、格段の或《ある》事を語れるは意味あることなり。

要するに本書の課題は、孔子の仁が誕生した歴史的背景を明らかにすることである。すなわち、仁とは、いかなる歴史的存在の、どのような意味での愛であったのか、という点である。そこで、いったん、孔子と『論語』から離れて、春秋時代の歴史に目を転ずることとする。

▼理解すべき　狩野氏は「論語研究の方法に就いて」において、論語を読む心得として、ここにあげた歴史的研究法のほか、『論語』本文の校勘学的研究、訓詁学的研究、文学的研究の必要性を説いている。

②―春秋という時代

君主の出陣

些《いささ》か遠回りではあるが、金文▲史料から見ていきたい。ここに一六の鐘からなる編鐘《へんしょう》▲「晋侯蘇鐘」がある。銘文は、周の厲王《れいおう》▲の親征に随《したが》って東方の淮夷《わいい》▲遠征をおこなった晋侯が、次々と戦功をあげ、その功績にたいし厲王から二度、賞賜を受けたことを記している。文字解釈や暦学的理解について未解決の問題もあるが、この銘文の最大の価値は、周王自らが最前線まで出陣し、晋侯に直接軍事行動を指示し、三度の戦闘においていかなる戦果をあげたかが、極めて具体的に記録されていることである。要点は以下のとおり。

前八四六年正月、周の厲王は宗周（西安周辺）を出立して、二月に成周（洛陽周辺）に到着し、東征を開始した。三月には、敵地にいたり、軍隊を二分して、晋侯に攻撃を命令。その結果、晋侯は斬首一二〇、捕虜二三の戦果をあげた。周王は、さらに敵の本拠地に侵攻し、閲兵式を敢行したのち、ふたたび晋侯に攻撃を指示した。晋侯はまたもや斬首一〇〇、捕虜一一の

▼金文　殷代から秦漢時代にいたる青銅器上の銘文のこと。内容や字体・文字数は、時代によって大きく異なり、時代精神を反映している。

▼編鐘　当時の鐘は一個で二音を出すことができたが、一定の音域をカヴァーするには、複数の鐘を組み合わせる必要があり、これを当時は「肆《し》」、後代は「編鐘」と呼ぶ。西周初は一組三個であったが、しだいに増加し、戦国時代随侯乙墓からは一組六四個の編鐘が出土している。

▼周の厲王（?～前八二八）　西周王朝第一〇代の王。文献史料によれば、暗愚の君主。しかし金文史料には、異民族の侵略を撃退・征圧した軍事的業績が数多く伝えられている。

▼淮夷　淮河流域に散在していた東方異民族のこと。周初以来、叛服常無く金文史料に多くの記載がある。『詩経』魯頌・泮水《はんすい》は、魯の僖公が淮夷の征討に成功して、戦勝報告をしているさまを謳っている。

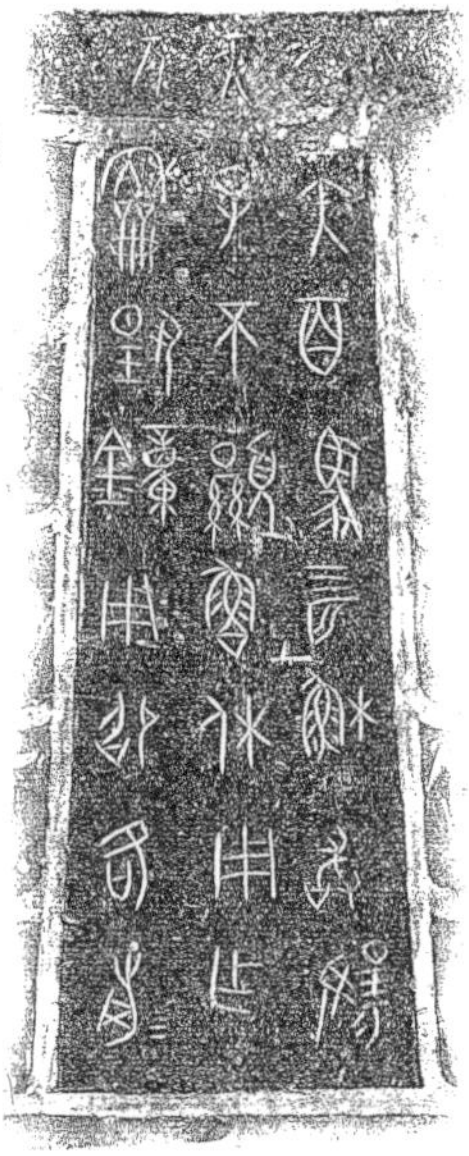

●晋侯蘇鐘の銘文　全一六点のうち一四点は、一九九二年に香港の骨董市場に出現したのち、上海博物館が買いとる。残りの二点は、山西省曲沃県の晋侯墓地八号墓から出土。買いとりの経緯は、上海博物館戦国楚簡とまったく同じ。銘文は鋳銘ではなく、鋭利な器物による刻銘で、全三五五字。図は一二鐘銘文。中央の行に、上から「天子丕顕魯休用作」とある。

●呉王寿夢《じゅぼう》の子の剣銘文　一九九七年、浙江省紹興市出土。銘文は鋳銘で、「攻呉王餘昧《よばつ》、寿夢の子、呉王餘祭《よさい》の義弟なり。初めて命ぜられ、巣《そう》を伐ち獲《かく》有り。荊《けい》、徐を伐つに、余、親しくこれを逆《むか》え攻ち、三軍を敗り、車馬を獲《え》、七邦君を撲《う》ちたり」とあり、全四〇字。

●晋侯銅人　高さ一七・二センチ、重さ八三〇グラム。平頂の帽子をかぶり、上半身は裸身、下半身には膝掛をつけ、後ろ手に縛られている。頸部から膝にかけて二行二一字の刻銘がある。一九九二年に香港の市場に出現し、現在は個人蔵。銘文は「隹《こ》れ五月、淮夷、伐ちて格《いた》る。晋侯、戎を搏《う》ち、厥《そ》の君冢師《ていし》を獲たり。侯、ここに王に揚《こた》う」とあり、全二一字。

●「曹沫《そうばつ》の陣」冒頭部分

戦果をあげた。こうした周王の親征によって、異民族は震えあがり総崩れとなった。追撃の命を受けた晋侯は、このときも斬首一一〇、捕虜二〇の戦果をあげ、周王の近従や直属の戦士もまた斬首一五〇、捕虜六〇の戦果をあげた。かくて遠征は成功し、六月に帰還。周の宗廟の大室において、厲王は晋侯にたいし二度にわたって親しく賞賜し、駒《く》(若馬)四頭、秬鬯《きょちょう》(クロキビ酒)、弓矢、馬を賜与した。

あえて再言するが、周の天子・厲王と晋国の君主・晋侯、すなわち当時の重層的権力構造において最高位を占める両者が、最前線に出て戦っているのである。

近年、この厲王東征と関連する極めて興味深い青銅像「晋侯銅人」が公表されている。上述の如く、晋侯は周王とともに淮夷遠征を敢行して大勝利を獲たが、最大の戦果は、敵の首領を捕虜としたことであった。この事実を誇って記録した銘文が、捕虜をかたどったと考えられる跪坐《きざ》像の胸から膝にかけて刻まれていたのである。

この五月に、淮夷が攻撃して押し寄せてきた、そこで晋侯は、夷《えびす》どもを迎え撃ち、その君豕師《ていし》を捕虜とした。晋侯は、つつしんで周王の威光を称《たた》える。

さらに一つ、一九九七年に出土した「呉王寿夢《じゅぼう》の子の剣」の銘文を見てみたい。曹錦炎▲ならびに李家浩▲両氏の釈読にもとづくと、その内容は以下のとおりである。

余《われ》、呉王餘眛《よばつ》は、呉王寿夢の子にして、呉王餘祭《よさい》の義《おお》いなる弟なり。周王から最初の策命▲を受けた年（前五三八）に、巣《そう》国を攻撃して戦果をあげた。ついで楚（荊）が徐国を攻撃した年（前五三七）にも、余は自ら逆え撃って、全軍を敗退させ、戦車や軍馬を捕獲したうえ、敵方に参戦した七カ国の軍隊を撃退した。

これらの銘文が物語るように、殷代から春秋時代までは、王や諸侯自らが最前線に出陣し、直接、軍事行動に関与していた。まさに『左伝』閔公《びんこう》二年に「夫れ師を帥《ひき》い、専《もっぱ》ら謀を行い、軍旅に誓うは、君と国政の図《はか》るところなり」とあるように、戦争の采配は国君と正卿の専権事項であった。そもそも戦陣にあっては、国君が枹《ばち》を手に執り軍鼓を打ちならして突撃を命じた。上海博物館

▼**曹錦炎**（一九四四〜　）　中国古文字研究者。主著に『鳥蟲書通考』『呉越歴史与考古論叢』などがある。

▼**李家浩**（一九四五〜　）　中国古文字研究者。北京大学教授。主著に『著名中年語言学家自選集・李家浩巻』がある。

▼**策命**　官職を任命する際に宗廟でおこなわれる儀礼のこと。天子親臨のもと、史官が策書（任命書）を宣読し、あわせて礼服や武具などが賜与された。冊命、錫命とも書く。西周金文研究における主要研究テーマの一つ。

戦国楚簡「曹沫《そうばつ》の陣▲」において強調されているのも、君や貴人が親しく戦場に赴くことである。「三軍出づれば、君、自から率《ひき》い」(二二簡)、「高貴な地位の者はすべて、先鋒の隊列に配備する。後方におけば我軍は滅ぼされる」(二四簡)、「敵が、士を投入すれば、我軍は大夫を用い、敵が大夫であれば、我軍は将軍を用い、敵が将軍であれば、我軍は君主自ら出陣する。これが戦の顕道《けんどう》である」(三九、四〇簡)の如く、戦では、より上位の者ほど、より危険な戦場に立つことが「顕道」、すなわち歴然たる鉄則であった。

拙稿「福をくばる王」で論じたように、春秋以前の君主は祭祀の主宰者▲である一方、戦争の最前線で指揮を執り、実際に戦闘行為に参加する戦士でもあったのである。これこそ、春秋以前の君主が、戦国以降の君主ともっとも顕著にことなる点である。そうした君主をはじめとする戦士たちによる戦闘の状況をいきいきと描き出している史料を、以下に見てみよう。

戦う戦士たち

前六八四年六月、斉と宋の連合軍が魯を攻め、郎なる地まで進攻すると、魯

▼曹沫の陣　魯の荘公と曹沫の軍事ならびに戦略にかんする問答体の文章。全一七八八字。『上海博物館蔵戦国楚竹書(四)』所収。二四簡の原文は、「凡そ貴人は、前位の一行に処らしめ、後ならば亡ぼさる」、三九、四〇簡の原文は、「人、士を使えば、我、大夫を使い、人、大夫を使えば、我、将軍を使い、人、将軍を使えば、我、君みずから進む。此れ戦の顕道なり」。

▼祭祀の主宰者　『中国史学』(一六巻、二〇〇六年)所載。当時における世界観では、君主は、祭祀用の供物を民から集めて、神を祀る。神はそれにこたえ、君にたいして福を降し、君はそれを恵として民に分かち与える。当時の諸侯国は、こうした神・君・民が構成する祭祀共同体であり、君がその祭祀の主宰者であった。

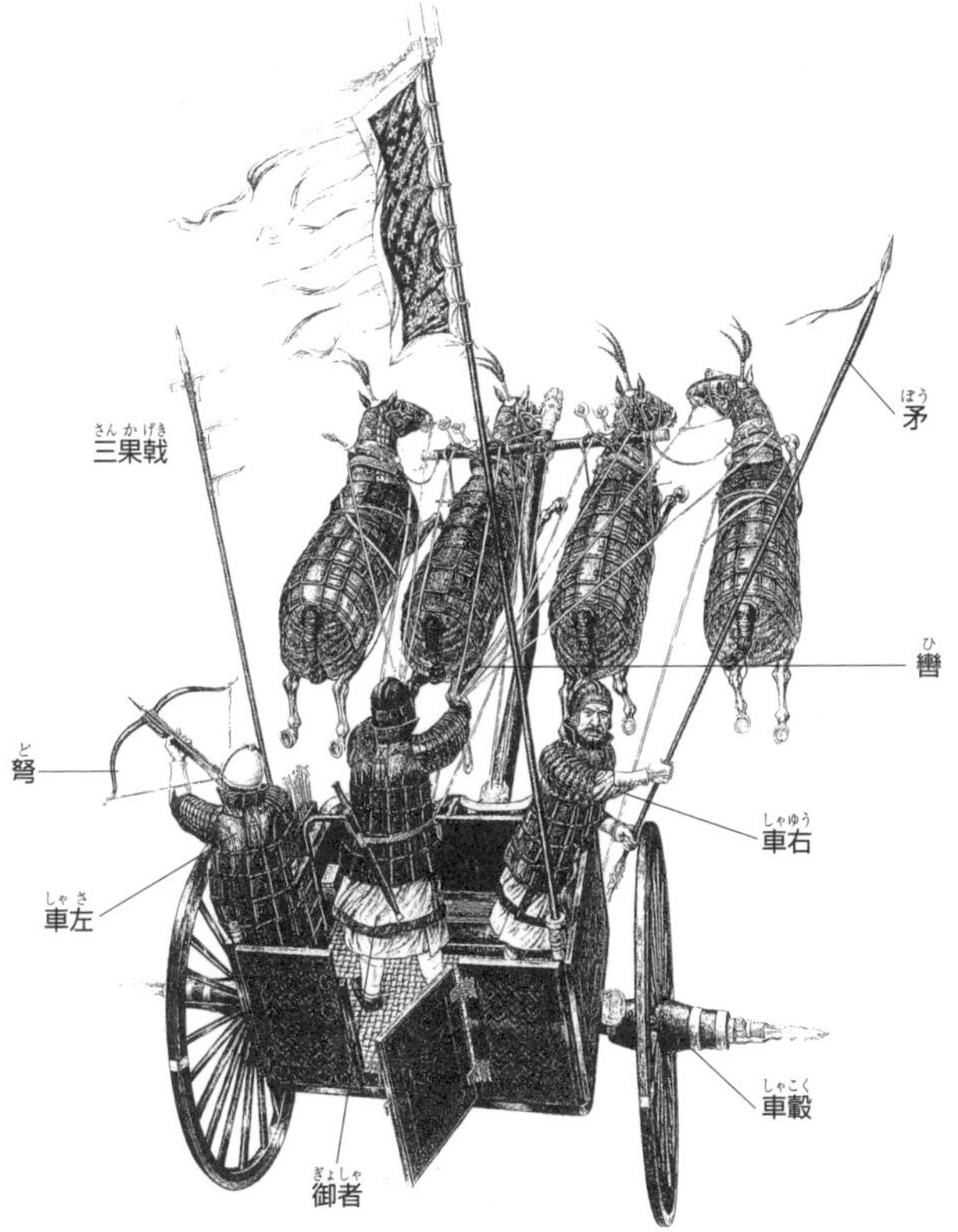

●戦車と戦士　御者は戦車の乗員三名のうち、中央に立乗して馬を操り戦車の走行をつかさどる戦士のこと。戦車の構造は、幅平均三メートル、長さも戦馬をつなぐと約三メートル。馬は通常四頭で、一本の轅《ながえ》についた軛《くびき》に二頭がつながれ、その両脇の二頭の副《そ》え馬は手綱だけで制御した。こうした構造のため、御者には専門的な訓練をへた高度の御術が求められ、後世とは異なり、その社会的地位は高かった。車右は乗員三名のうち、右側に立乗し、おもに戈・戟を手に執る戦士。車左を補佐する役割をつとめたため戎右《じゅうう》あるいは陪《ばい》乗《じょう》ともいう。戦闘の際、御者にとって、車右の乗る右側を外にして左に旋回することが鉄則であった。車左は乗員三名のうちの指揮官として左側に立乗し、おもに弓矢を手にして戦う戦士。君主や上卿が出陣する場合も、一乗の戦車の車左として参戦し、手にバチを執り、軍鼓を打って進軍を命じた。深手を負いながらも軍鼓を打ち続け、勝利に導いたという説話がいくつも残されている。

の大夫・公子偃《えん》が、主君荘公に進言した。宋の軍勢は整っておらず、いま攻めればかならず容易《たやす》く打ち負かせます、と。しかし、荘公が許さなかったため、公子偃は密かに城門を出、虎の皮をかぶって宋軍に突入した。そこで、やむなく荘公も続き、宋の軍隊を大敗させ、斉軍も退却せざるをえなかった(『左伝』荘公一〇年)。

この戦い▲で、荘公は、縣賁父《けんふんぽ》を御者、卜国《ぼくこく》を車右《しゃゆう》としていたが、突然、馬がなにかに驚き、馬車が転覆してしまった。放り出された荘公には、ただちに副車から綏《すい》(つかまる綱)が垂らされ、事なきをえた。しかし、不甲斐ない結果に恥じ入った御者の縣賁父は、「過去の戦で転覆せず、今日、転覆したのは、自分に勇気が無かったためである」と口にし、敵陣に突入して討ち死にした。ところが、戦争終了後、馬の手入れをしていると、馬車が転覆した原因は、馬の内股に流れ矢があたったことにあると判明した。御者の落ち度ではないことを認めた荘公は、誄《るい》▲を与え、その死を悼《いた》んだ(『礼記《らいき》』檀弓《だんぐう》上)。

戦いに話をもどそう。事なきをえた荘公は、自ら弓を執って戦闘を続け、金《きん》僕姑《ぼくこ》と名づけられた矢を、勇力で聞こえる宋の戦士、南宮万《なんきゅうばん》に射あて、魯に

▼この戦い　当時の戦争は、大平原に陣営を築いた両軍が、車戦によって勝敗を決した。両陣営の戦闘態勢が整ったのち、まず遠距離戦としての弓矢の戦いがおこなわれ、次の段階の接近戦では、戈・矛による死闘が繰り広げられる。双方が、たがいの戦車を敵の戦車に横づけし、車《しゃ》轂《こく》(車輪と車軸を連結する装置)がぶつかり合う。こうして、戦車が壊れたり馬が傷つくなどして、戦車を捨てたのち、はじめて護身用の剣による闘いとなり、戦闘はおおむね一日で終了した。

▼誄　死者の徳行を顕彰し、哀悼をつくす文章、しのび文。魯の哀公が、孔子の死にさいして賜与した誄が内容を知ることができる最古の例。

連れ帰る。しかし翌年、宋側が南宮万の身柄返還を求めたため、万は帰国をはたした(『左伝』荘公一一年)。

万の帰国後、宋君が万を相手に博戯《はくぎ》▲をしながらいった。「余はずっと、そちに一目《いちもく》おいて来た。だが今回、そちは魯の虜囚となりはてた。一目おくのはやめだ」。この言葉に激昂した万は、宋君を博戯盤で殴り殺してしまう。さらに、駆けつけた大夫の仇牧《きゅうぼく》や太宰の華督《かとく》をも殺したあげく、公子游を国君に立てるという挙におよんだ。この事態に、他の公子は、都を落ちて蕭《しょう》の地へ逃げ、公子御説《ぎょえつ》は亳《はく》に奔《はし》った。結局、この騒動は、蕭の人々と公族が協力して反転攻勢をかけ、万一味を制圧し、公子御説が新たな国君となって終わる。万本人は陳国に逃れたが、そのさい、母を乗せた車を自ら挽《ひ》いて、約一〇〇キロの道のりを一日で駆け抜けたという。しかし陳国は、宋の要請を聴きいれ、身柄の送還に応ずる。万をしたたか酒に酔わせ、犀皮《さいがわ》の袋にいれて送ったが、宋の都に着くころには、皮が破れ手足が突き出ていた。宋の人は、万とその一味をシオカラにしたという(『史記』宋世家、『左伝』荘公一二年)。

『公羊伝《くようでん》』荘公一二年には、万による宋君弑殺の状況が詳しく伝えられてい

▼博戯　双六《すごろく》のこと。原文は「博」。孔子が博戯をおこなったことは、「陽貨《ようか》」篇に、孔子の語として、一日中、飽食してなにもしないよりは、「博」・「弈《えき》(囲碁)」でもしたほうがましだ、とあることから分かる。なお博戯の道具にかんする考古学的出土は少なくないが、いまのところ使用法は未解明である。図は一九七六年甘粛省磨嘴子《まし》前漢墓の副葬品で、木彫の二老人が黒色の博戯盤を挟んで対座している。木彫は黒色、白色、灰色で彩色され、立体感を引き出している。

る。すなわち、婦人たちの見守るなかで宋君と博戯をしていた万が、魯の荘公を絶賛した。「あっぱれ至極、魯侯の絵になる男ぶり。天下に諸侯は数あれど、真に明君たるべきは、ひとり魯侯のみ」、と。宋君は、日頃、婦人たちに己の器量を吹聴《ふいちょう》していた手前、プライドを痛く傷つけられていった。「お前など、ただの虜囚だ。捕虜にされた者の戯言《ざれごと》にすぎぬ。魯侯の男ぶりがそれほどのわけがない」。この言葉に怒った万は、宋君を殴って首をへし折った。主君の難を聞いて駆けつけた大夫の仇牧は、城門で万に出会うや、剣を手にして万を罵倒した。万はこれを肱《ひじ》で打ち殺したが、仇牧の頭は割れ、飛び散った歯が門の扉にくい込んだという。

以上の内容に即して、春秋時代における戦士ならびに戦争の特徴を列挙してみよう。

一　郎の戦において、公子が魯君の意志を無視して突撃したこと。

二　国君自らが出陣し、二番槍として、敵陣へ突入したこと。なおかつ、馬車から転落する憂き目を見ても、副車に乗り換え、敵の勇力の士を捕虜とした。つまり国君も戦士として、最前線で命を賭して闘っていたこと。

三　戦車転覆の原因が自らの勇気の不足にあると判断した戦士が、それを恥じて、いっさいの弁解もなく、自尽したこと。
四　戦士の名誉のために、国君自らが誅を与えたこと。
五　戦士南宮万の剛力ぶりが詳しく伝えられていること(凄まじい腕力、脚力など)。
六　勇力の士に畏れず立ち向かった仇牧の最後も丁寧に記録されていること。
七　両国の君がともに勇力の士にたいし敬意を抱き、丁重に扱うべきと考えていたこと。

これらの特徴は、以下の三点に帰納することができる。第一に、国君も一個の戦士としての側面を持っていたこと。第二に、武勇の持ち主にたいして敬意が払われていたこと。第三に、戦士としての誇りやプライドが重視されていたこと、である。これらからさらに、当時の人々が武勇自体に特別の意味を見出していたこと、つまり「尚武《しょうぶ》の風」が濃厚に存在し、それが人々の価値観を大きく規定していたことを指摘することができる。それはまた当然、当時の社会や国家の様態を決定し、まさに春秋という時代の歴史的特徴をかたちづくっていた。したがって、『左伝』には、上述の如く君主を含む戦士たちの活躍を描ききった記述が少なくない。

戦争の時代

なおかつ、古来、美文の典範とされる『左伝』において、そのような戦争関連の記述こそが精華であり、秀逸であると指摘されてきた。たとえば、古く唐の劉知幾《りゅうちき》▲『史通』雑説上には、『左伝』の戦争描写は、「整然と隊列を組んだ軍隊が視界をおおいつくし、戦士の勝ち鬨《どき》や人馬の立てる音が耳をつんざくようである……勝ち戦《いくさ》を論ずれば、戦利のすべてが書きつくされ、負け戦を記録すれば、軍隊壊滅のようすがありありと目に浮かぶ」とある。日本でも、頼山陽▲が、「書左氏叙戦鈔後」(『書後』巻中、『頼山陽全書』文集所収)において述べている。

『左伝』の戦争描写には、類型化した記述が全く無く……それらを一篇ごとに味読するならば、実際に数十回の従軍経験を積むに等しい。単に文章・文法を学ぶだけでなく、兵法をも学べ、なおかつ、両者が互いに補う

▼**劉知幾**(六六一〜七二一)　唐代中期の歴史学者。国史編纂の任にあたるなか、政治権力と歴史叙述の関係について深く感ずるところがあり、過去の歴史書の体裁や編纂にかんする諸問題、歴史家の才能、史官制度などについて論じた主著『史通』を執筆した。

▼**頼山陽**(一七八〇〜一八三二)　本名は、襄《のぼる》。江戸後期の文人、歴史家。放蕩、脱藩などをへつつも、天賦の才に、尋常ならざる精進が加わり、詩史書画のいずれにも長じた。その詩文は、幕末の志士に多大な影響を与えた。主著は、『日本外史』『日本政記』『山陽文集』など多数。

所があることを感ずることもできる……司馬遷以降の諸史における戦争描写にも、それなりに見るべき所はあるが、いずれも軍事情勢の描写は詳しいものの、『左伝』が戦士の感情を描ききっているのには及ばない。それ故、諸史はもっぱら大将や将軍について記録するのに対し、『左伝』は下級戦士の行動を細かく記録している。

　おおよそ史料に接するとき、もっとも大切なことは、当時の人がもっとも力を込めて記録した対象を、その時代の論理に即して理解することである。『左伝』の場合、それは戦争にほかならない。では、なぜ力を込めて戦争を記録したのか。無論、戦争が人々の最大の関心事だったからである。その点は、春秋時代の人々が明確に述べている。たとえば『左伝』成公一三年に、「国の大事は、祀《まつり》と戎《いくさ》とにあり」とあり、『左伝』成公二年に見える「君の大事」なる語は、戦争を意味している。さらに兵書『孫子』の巻首の一文が、「兵なる者は、国の大事にして、死生の地、存亡の道なり」であることも確認しておきたい。

　数量的に見ても、『春秋』経のうち四割までが、軍事・戦争にかかわる記述であり、『左伝』の戦争描写は、総計四八三を数えるとされる。それゆえ、『左伝』は、ときに兵書であると見なされる。『老子』にもまた、「人を殺すことの衆《おお》ければ、悲哀を以てこれに泣き、戦いて勝てば喪礼を以てこれに処《お》る」(三一章)など、戦争を論じた記述が多く、やはり兵書とする見方が古くからある。ただし、この点については、軍事や戦争こそが当時における最重要の課題であり、人々の関心がもっぱら戦争に収斂していた。そのため戦争にかんする記述や比喩が多くなった、と考えるべきであろう。それはともかくも、春秋時代とは、その時代の書物が、すべて兵書と見なされるまでの戦争の時代であったのである。

攻城図　戦国時代の青銅壺刻紋。下段では戦士達が城壁を登って攻撃している。上段ならびに下段の左端の二人の戦士が防御している。

③—戦士としての孔子

孔子の父

ならば、その春秋末期に生きた孔子は、戦争といかなる関係にあったのか。まずは孔子の父親の戦争との関係から始め、順に孔子に近づいていきたい。前五六三年、晋は諸侯連合軍を率い、小国家・偪陽《ふくよう》を攻撃した。『左伝』襄公一〇年は、その城攻めで活躍した魯の三人の戦士のようすを記録している。諸侯軍に包囲された偪陽側は、一計を案じ城門をあけた。敵兵が城内へ入るのを待ち、吊《つ》り門を降ろし閉じこめて袋叩《ふくろだた》きにしようというのである。ところが、咄《とっ》嗟《さ》の判断で、諸侯軍の窮地を救ったのが、郰《すう》の人・叔梁紇《しゅくりょうこつ》であった。降りてくる吊り門を体を張って持ち上げ、味方を脱出させた。また魯の戦士・狄虒彌《てきしび》は、大きな車輪に革製《かわせい》のよろいを被《かぶ》せて急ごしらえの盾《たて》にすると、それを左手に持ち、右手は戟《げき》をとって、攻撃部隊の先頭に立った。それを見た執政・孟献《もうけん》子《し》▲は、『詩経』に謡《うた》われる「力あること虎の如し」とは、まさにあの者のことだ、と感嘆した。その孟献子の家臣・秦堇父《しんきんほ》は、馬にかわって戦車を挽《ひ》いて参

▼**孟献子**（生没年不詳）　魯の桓公を始祖とするいわゆる三桓《さんかん》氏の一つ、仲孫氏の第四代当主、仲孫蔑のこと。礼や故事に通ずるとともに、節倹を重んじ、人材を貴び、魯国の内政・外交に多くの足跡を残す。なお、仲孫氏は、三桓氏の筆頭であるため孟孫氏とも呼ぶ。

陣するほどの力士であったが、偪陽側が、城壁から布を垂らすと、それを掴《つか》んで城壁を登っていった。登りきって、ひめがき▲に手をかけたとたんに、布を切られたため、秦菫父は真っ逆様《さかさま》に落下し気絶してしまう。秦菫父が息を吹き返すと、ふたたび布が垂らされ、また登って布を切られ、同じように落下、気絶する。これを三度繰り返したため、城側もその勇気に感服し、この手を使うのを止めた。秦菫父は、切られた布を腰に回して帯《おび》とし、陣中で三日間見せてまわった。

この城攻めで、吊り門を持ち上げて諸侯軍を救った戦士・叔梁紇こそ、ほかならぬ孔子の父親である。また布を掴んで三度落下した秦菫父は、勇猛ぶりが評価され、孟献子の車右《しゃゆう》に取り立てられたが、その子は孔子の弟子・秦丕茲《しんぴじ》▲である。

孔子の父・叔梁紇には、いま一つ武勇伝がある。斉軍が、魯の防邑を包囲攻撃したとき、城内で応戦していた叔梁紇は、防邑の主・臧紇《ぞうこつ》の安全を確保するため、夜間に甲士▲三百名を率い、囲みを強行突破し、臧紇を救援軍の駐屯地に送り届けることに成功している。しかも叔梁紇は、その後、ふたたび防邑にも

▼ひめがき　原文は「堞《ちょう》」。『説文解字』に「城上の女垣なり」とあるように、城壁の上に、さらに築かれた背の低い歯状の障壁のこと。警戒のため物見や、非常時に矢を射るために用いられた。

▼秦丕茲（前五四七〜?）　名は商。『孔子家語《こうしけご》』七十二弟子篇には、孔子より四歳若いことと、その父が孔子の父親と同じく勇名を馳せていたことのみが伝えられる。

▼甲士　一般に、戦車に乗る戦士を指していう。原義として、甲はカブト、甲士はカブト武者の意。なおカブトや武器は、自弁ではなく、戦時に支配者から支給された。甲士に従い、物資の運搬などをおこなったのが歩卒である。

どって防御にあたった。斉軍は、臧紇の脱出を知るや、囲みを解いて撤退したが、『左氏会箋《かいせん》』▲襄公一七年は、この撤退について、「頗《すこぶ》る魯の武勇の士を怖《おそ》ることあ」ったがため、としている。いうまでもなく、武勇の士とは叔梁紇を指している。

孔子の弟子

では孔子の弟子と戦争の関係はどうか。前四八四年、斉軍が魯の領内に進攻した。これにたいし魯は、左軍と右軍を動員して迎え撃ち、最終的に勝利した。この戦いで、左軍の指揮を任されたのが孔子の弟子・冉求《ぜんきゅう》▲(冉有)であり、冉求の乗る戦車の車右として補佐役を務めたのが、やはり弟子の樊遅《はんち》▲であった。戦いが始まったとき、左軍の戦士たちは、溝をこえて前進しようとしなかった。そこで、樊遅が冉求に進言した。彼らはこえられないのではなく、あなたを信頼し切っていないのです。命令を三度繰り返してから、あなたが戦陣を切ってください、と。言葉どおりにすると、はたして左軍は溝を渉り進軍した。さらに、冉求自ら矛を執り奮戦したため、全軍が一斉に突撃して斉軍を敗走に追い

▼左氏会箋　現宮内庁書陵部蔵の杜預『春秋経伝集解』を底本として厳密な文字校訂をおこなったのち、従来の諸注を博捜折衷したうえで、自己の論断を加えた注解書。箋は、文義不明個所にたいする解説の意。日本の左伝学の頂点を示す注解書として定評があり、台湾、大陸でたびたびリプリントされている。

▼冉求（前五二二〜?）　字は子有。多芸多才の人物で、とくに政治的才能を孔子から評価されていた。しかし季氏に仕え、税の取り立てを厳しくした時には、「吾が徒にあらず」と厳しく批判された。

▼樊遅（前五一五〜?）　名は須。好学の人物で、孔子にたいし、仁、知、孝など原理的な事柄を何度も問いたずねた。しかし、農業についてたずねたときは、「小人なるかな」と批判されている。

込んだ。こうした冉求の戦いぶりについて、孔子は「義なり」と評価している(『左伝』哀公一一年)。合戦後、冉求は、執政・季康子《きこうし》▲にたいし、孔子から軍略を学んだことを認め、しかも「文武」双方に精通し、両者を併用する孔子の「戦法」を、未だ充分には理解していない、と告白している(『孔子家語』正論)。孔子が弟子に教授した内容に「戦法」が含まれていたのである。

冉求と樊遅は、『論語』にしばしば登場する人物である。冉求は、いわゆる「孔門十哲」の一人で、「政事には冉有、季路▲」の如く、政治的手腕を孔子に認められている(先進《せんしん》)。また孔子が衛国に赴いたときに御者《ぎょしゃ》を務め、人口が多いこの国は、まず人々を富ませ、ついで教化することが求められる、との言を孔子から引き出している(子路《しろ》)。樊遅は、仁の本質について孔子に問い、「人を愛する」ことであるとの回答を聞き出したことで知られ(顔淵《がんえん》)、やはり孔子の御者を務めたことがある(為政《いせい》)。この冉求、樊遅はともに、戦士であったのである。

そのほか、孔子に無礼な振る舞いをしようとして、逆に徐々に感化され弟子となった子路は、勇力を好み、志は剛直。雄雞《おんどり》の羽を冠につけ、雄豚《おすぶた》の皮を剣

▼**季康子**(?~前四六八)　季孫肥のこと。父親の遺言に従い、魯国の正卿として孔子の帰国を可能にした。孔子にたびたび教えを請い、「政とは正なり」「君子の徳は風、小人の徳は草」などの語を引き出した。

▼**季路**(前五四二~前四八〇)　子路のこと。姓は仲、名は由。つねに孔子に随従し、その好勇にして狷介廉直なる人となりを愛され、信頼されていた。のちに衛の孔悝に仕え、内乱に巻き込まれ、「君子は死すとも冠を免がず」の言葉を残して死ぬ。

の鞘《さや》にして腰に差し、弟子の中でもっとも武張った存在であった。のちに衛国に仕え、内乱に巻き込まれて戦死する。そのさい、敵が頭部に撃ちかかり、冠の紐が切れると、「君子は死すとも、冠は免《ぬ》がず」といい、冠の紐を結んでから絶命した（弟子列伝）。顔回とともに孔子最愛の弟子とされる子路は、まさに武骨の戦士であった。

また弟子の有若《ゆうじゃく》は、容貌が孔子に酷似しており、孔子の死後、他の弟子たちから「師」として崇められ（弟子列伝）、『論語』のなかでも「有子（有先生）」と称されている。その有若は、かつて魯軍が、戦士たちの跳躍力▲を試して、敵陣への夜襲要員を選抜したさい、みごとに選ばれた経歴の持ち主でもある（『左伝』哀公八年）。さらに弟子の一人、公良孺《こうりょうじゅ》は、武芸に優れ勇力があり、孔子一行が蒲《ほ》の地の反乱軍に行く手を遮《さえぎ》られたさい、「むしろ闘って死なん」との覚悟で激しく闘った。勢いに圧倒された相手は、一行を解き放たざるをえなかった（世家）。

▼跳躍力　戦場で戦車に飛び乗る必要などもあって、当時の戦士にとって跳躍力は不可欠の能力とされた。たとえば、晋の文公の車右である魏《ぎ》犨《しゅう》は、胸に負傷したさい、「距躍《きょやく》三百、曲踊《きょくよう》三百」、すなわち上方や前方へ何度も跳び、能力が失われていないことを示した（『左伝』僖公二八年）。

賢人大夫

つぎに孔子が等しく敬意をはらった春秋時代の賢人大夫▲と戦争の関係を見ておこう。まず斉の管仲▲は、桓公▲の覇業を戦略的軍事的に支え、異民族の侵略から中国を救った人物として孔子も評価している。その管仲は、「枹《ばち》・鼓《たいこ》を執り軍門に立ち、百姓をして勇を加えしむ」る能力を持つ武将であり、また即位前の桓公の暗殺をはかり、そのベルトの留金具《とめかなぐ》に射あてた戦士でもあった（『国語』斉語）。

斉の歴代君主に仕えた晏嬰《あんえい》（二一〇頁「晏子」参照）は、勇力より知略、戦争より和平・外交を重んじ、孔子もその「善く人と交わる」点を称えている。しかし、この人物もまた、主君・霊公が晋との戦いに敗退して逃走しようとしたときには、「君亦た勇なきなり」と叱咤《しった》し、踏みとどまって戦う闘志を見せている（斉世家）。また主君・荘公を弑殺《しいさつ》した崔杼《さいちょ》から、兵刃《へいじん》で威嚇《いかく》して臣従を迫られるや、「戈《か》や戟《げき》が首を刎《は》ね、剣が胸を刺そうと、心変わりはしない」（『晏子春秋』内篇雑上）とひるむことなく拒否し、堂々と立ち去った。崔杼がみすみす看過したのは、晏子が担う衆望にたいする配慮だけではなく、その冷静沈着さ

▼賢人大夫　春秋中期以降の社会変動にともない、従来の天道観、祖先観が大きく変容し、人間主義的、民本主義的な考え方が一般化する。こうした背景のもと、諸子百家に先行する一群の思想家が輩出する。孔子以外の代表的人物に、斉の管仲、晏嬰《あんえい》、晋の郭偃《かくえん》、史墨、叔向《しゅくきょう》、鄭の子産、越の范蠡《はんれい》などがいる。

▼管仲（?〜前六四五）　斉の大夫、管夷吾のこと。かつて暗殺を試みて失敗した桓公に仕え、政治・外交・軍事の面で活躍した。

▼桓公（?〜前六四三）　僖公の子。春秋五覇の一人として、管仲の補佐によって尊王攘夷を実行し、中原の政治秩序を安定させた。生前の栄光に比して、その末路は悲惨を極めた。後継争いにより、病死するも放置され、遺体からウジが湧いたとされる。

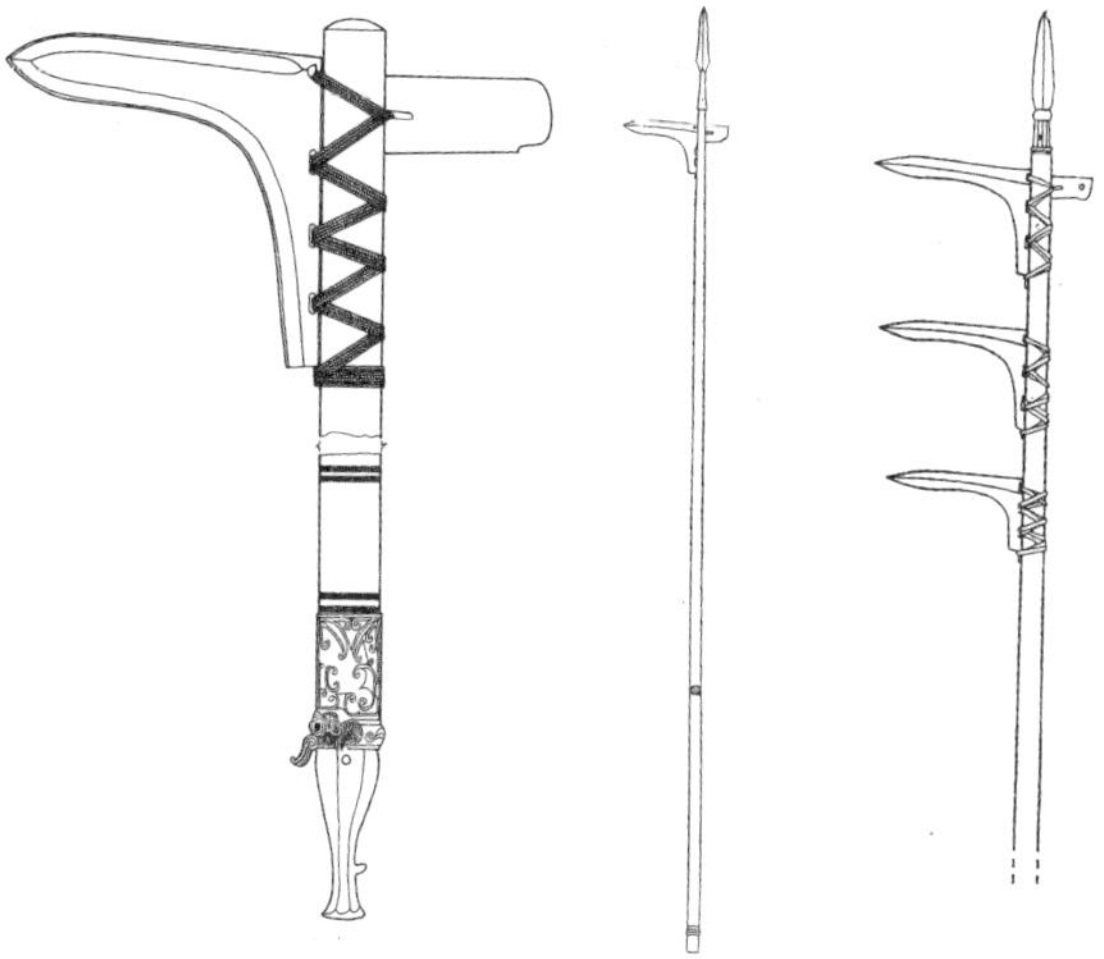

戈や戟　『晏子春秋』の原文は「曲刃《きょくじん》」で、戈や戟を指す。戈は、長い柄の先に短剣状の刃をつけた武器のこと。当時において、もっとも一般的な格闘用武器であり、打ち込んでから引き斬る。戟は、戈と突き刺す武器である矛とを組み合わせた武器。左は戦国早期楚墓出土の戈、右・中央は戟。

剣　『晏子春秋』の原文は「直兵」で、剣を指す。剣は、先端が鋭利で両刃《もろは》の格闘用武器。車戦の時代に、主なる武器は弓と戈であり、剣は護身用。長さは、春秋戦国期で五〇〜六〇センチ、戦国晩期で七〇センチ以上となる。のちには、片刃《かたば》の刀が登場する。材質も青銅から鉄へと移行する。左は戦国中期楚墓出土の剣、上は戦国魏墓出土の青銅鑑刻紋。前の戦士は剣を持ち、後の戦士は戟を手にしている。

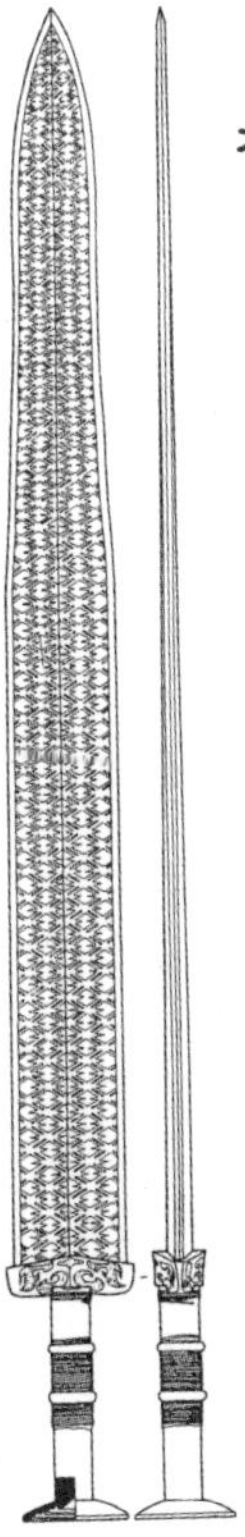

に脱帽せざるをえなかったためであろう。死を超越した胆力は、晏子が戦士であったことを想起すれば容易に納得できる。

孔子が「古の遺直《いちょく》なり」（『左伝』昭公一四年）の語を以て称えた晋の大夫・叔《しゅく》向《きょう》▲もまた、その言動の端々《はしばし》に武人としての本質を垣間見せている。たとえば、自分がおこなった人材起用に不満を持つ人物が剣を手にして詰め寄ると、「邪心を以て仕える者には、力で防ぐしかない」と切り返し、袖をまくって相手になろうとした。さいわい人が止めにはいり、事なきをえたが、何事も私心無く冷静に処理することで名をなした叔向も、時に「力争」で事を決しようとしたのである（『左伝』襄公二六年）。また叔向は、執政の趙簡子▲から、魯の孟献子には、危難を救う武勇の士が五人もいたというのに自分には一人もいないのは何故か、と訊ねられたとき、お望みならば、あなたのために死闘する勇士として私がお側に侍《はべ》りましょう、とこたえている（『国語』晋語九）。自らの武芸に覚えがあっての言葉である。

鄭の子産▲は、孔子が「その民を養うや恵」（公冶長《こうやちょう》）と讃美し、その死を聞くや落涙して、「古の遺愛なり」（『左伝』昭公二〇年）と哀惜した人物である。若い

▼**叔向**（生没年不詳）　晋の悼公、平公に仕えた大夫、羊舌肸《ようぜつきつ》のこと。叔向は字。羊舌氏は、晋の国君と同族。歴史や故事についての該博な知識を背景として、政治的手腕を発揮した。下克上という大きな歴史の潮流を見抜いてはいたが、礼譲や信義によって成り立つ古い政治秩序の護持に努めた。この点において、孔子と通ずるところがある。

▼**趙簡子**（？～前四五八）　晋の正卿、名は鞅。侯馬盟書（一九六〇年代に山西省侯馬市で出土した五〇〇〇点以上の結盟文書）の主盟者・趙孟のこと。執政として実権を握り、法律、土地制度、徴税法、人材登用などさまざまな分野で改革を断行。他の国内貴族と権力闘争を繰り広げ、のちの趙国の繁栄の基礎を固めた。近年、その墓が未盗掘の状態で発見されている。

ころ、父親が叛乱事件に巻き込まれて殺されるという事態に遭遇するが、そのとき、子産は落ちついて前後策を講じ、自ら兵車一七乗を率い、叛乱分子を鎮圧している（『左伝』襄公一〇年）。また、来寇した陳国軍の狼藉《ろうぜき》にたいする報復として、子産は執政の子展とともに兵を率い陳を攻め、降伏させている（『左伝』襄公二五年）。このように、子産もまた自ら軍事行動に参加する戦士であった。当時、弱小国の鄭が、晋・楚などの大国に互して存在感を発揮しえたのは、宰相・子産の力によるところが大きく、その毅然とした外交手腕や政治姿勢の背後には、子産の戦士としての覚悟があったと考えられる。

いうまでもなく、如上の四人は、各諸侯国を代表する賢人大夫であり、時代精神を象徴する存在である。そのいずれもが、戦士としての本領を持っていたのである。ならば孔子本人は、どうであったのか。

戦士としての孔子

まず孔子は、「文事あればかならず武備あり。武事あればかならず文備あり」の如く、武事・武備にたいする対処をつねに心にかけていた（世家）。実際に、

▼**子産**（前五八〇～前五二二）　鄭国の大夫、公孫僑のこと。子産は字。宰相として、民本主義、合理主義、現実主義的な立場から、改革を進め、外交面でも手腕を発揮した。

隣接する大国・斉で君主が弑殺されたとき、孔子は彼此《ひし》の軍事力の圧倒的な差を度外視して、魯の哀公や実権を握る三桓氏▲にたいし、斉国攻撃の許可を願っている。その理由について、自分が大夫である以上、いわざるをえない、と述べており(憲問《けんもん》)、秩序を守る戦争の必要を確信していたことが分かる。ただし、「善人が、七年間、民を教練すれば、彼らを戦争に動員することができる」(子路①◎)、「教練せずして民を戦争に動員するのは、彼らを棄てることである」(子路②◎)の如く、民を戦争へ動員するためには、充分な教化・訓練が必要であるとしている。また「戦陣にて勇なくんば、孝にはあらざるなり」(『礼記《らいき》』祭義)、「目の前で白刃が交わっても平然として生死を超越するのが、烈士の勇である」(『荘子《そうじ》』秋水)といった言葉を残したとされる。

しかも孔子自身が、当時の戦士に不可欠の武芸であった射・御▲に長じていたことを確認できる。すなわち、実行がともなわぬ言葉▲を口にすることを恥とする孔子が、なにかの特技で名を成すとすれば、自分は「御」を選ぶ、と述べている(子罕《しかん》)。御術に相当な実力と自信があったに違いない。それ故、「よく馬を御する者は、身を正して手綱をとり、それぞれの馬の力を均等に引き出し、

▼三桓氏　魯の国政を左右した孟孫氏(仲孫氏)、叔孫氏、季孫氏のこと。いずれも桓公の子を以て始祖とする。三氏のうちもっとも長く権勢を誇ったのが季孫氏であるが、孔子の時代には、その季孫氏も陽虎に実権を奪われるなどして、衰微の方向にあった。

◎子路①　原文は、「善人、民を教えること七年ならば、亦た以て戎《いくさ》に即《つ》かしむべし」。

◎子路②　原文は、「教えざる民を以て戦う、是れ之を棄つと謂う」。

▼御　馬を操って馬車を操作すること。古くは「馭」とも書き、礼・楽・射・書・数とともに、いわゆる六芸の一つ。

▼実行がともなわぬ言葉　里仁《りじん》篇に、「いにしえ、言の出ださざるは、躬《み》の逮《およ》ばざるを恥ずればなり」とあり、憲問篇に「君子は其の言の其の行いに過ぐるを恥ず」とある。

馬の心を一つにし、旋回であれ曲折であれ、走るがままに任せる。だからこそ長距離も走破でき、緊急事態に対応することもできる。これこそ聖人が天地と人事を御するための法則である」（『孔子家語』執轡篇《しつひへん》）とあるように、孔子はしばしば理想の執政を、御術に喩《たと》えて説明している。

射にかんしては、「君子は争うことは無いが、射礼▲は例外である。射礼をおこなう堂の階段は譲りあって升《のぼ》り、負ければ罰杯を飲む。これこそ、君子の争い方である」（八佾《はちいつ》◎）の如く、射礼の必要性と意義を高く認めていた。『礼記』射義には、「楽のリズムに合わせて発射し、射るたびにかならず命中するのは、賢者だけであろう。かの不肖の人などが命中させることは不可能である」という孔子の言が見える。同篇にはまた、孔子が弟子とともに射礼の演習をしているようすが記され、そこでは見物でさえ、孝悌、好礼、修身などの徳行を有する者にかぎって許され、敗軍の将、亡国の大夫、婿養子《むこようし》▲などは排除されている。つまり孔子にとっての射は、まずもって徳行を見るための手段であった。

しかし無論、それに止まらず、孔子自身が軍事訓練としての狩猟競技に参加したことがあり、実際に高度な技能を要する射術を体得していた。すなわち

▼射礼　射礼とは軍事訓練と人材選抜の意を兼ねた弓射儀礼のことで、その内容や、意義については、楊寛「射礼新探」（『西周史』上海人民出版社、一九九九年）に詳しい。

◎八佾　原文は、「君子は争う所なし。必ずや射か。揖譲《ゆうじょう》して升下し、而して飲ましむ。その争いや君子なり」。

▼婿養子　強固な祖先観念に規定され父系を重視する中国では、改姓のうえ他姓の後継者となることは恥ずべきこととされた。たとえば『漢書』賈誼《かぎ》伝に、秦では、貧しい家は子が成長すると、「贅《ぜい》」すなわち婿養子に出した、とある。これについて、唐の顔師古は、イボやコブを意味する「贅」字を用いて婿養子を表すのは、それがイボやコブ同様、あるべきでない余計ものだからである、と注している。

◎『論語』述而　原文は、「子は釣りして網せず（釣りはしたが、網を用いては捕らなかった）、弋して宿を射ず」。

▼弋射　弋射を含む射術ならびに射礼については、鋒暉《ほうき》『中華弓箭文化』（新疆人民出版社、二〇〇六年）に詳しい。

『孟子』万章《ばんしょう》下篇に、魯で「獵較《りょうかく》」がおこなわれたときに、孔子も参加した、と記されている。獵較とは、射礼とは異なり互譲や獲物の均等配分はおこなわず、純粋に獲物の数を競う狩獵競技であり、必然的に軍事訓練の性格を有する。というより、そもそも射礼においては、的を「正鵠《せいこく》（鵠は白鳥）」といい、命中することを「獲《かく》」という。こうした表現が象徴しているように、射礼の起源は軍事訓練としての狩獵にあり、当時にあって武芸の修得と礼の実践は不可分一体であった。

しかも『論語』述而《じゅつじ》◎には、孔子が「弋射《よくしゃ》」▲をするときには、とまっている鳥を狙《ねら》うことはなかった、とある。弋射とは、『説文解字』巻四の「隿《よく》」字の説解に、「繳《いと》もて飛鳥を射る」とあるように、飛行中の鳥を目がけて糸を結びつけた矢を発射し、糸にからめて生け捕りにする狩獵法である。狩獵に成功するには、鳥の飛行速度、射程距離、風力、風向などを瞬時に判断して、タイミングを逃さず矢を発射する必要があり、体力、忍耐力ならびに高度な射術技量の修得に加え、それらを可能にする長期の訓練を不可欠とした。したがって弋射は、技量競技あるいは遊獵の色彩が強く、孔子がとまっている鳥を狙わなかっ

弋射　上は戦国時代の青銅壺刻紋、下は漢代の画像磚図。ともに射手の後方に糸巻きを確認できる。

射礼想像図

狩猟図　戦国時代の青銅鑑刻紋。四頭立てと二頭立ての馬車が中央に配され、左右には弋射も見える。馬車の後部になびくのは、鳥の羽や牛の尾などの旗飾りをつけた旗竿《はたざお》で、「旌《せい》」あるいは「旄《ぼう》」と呼ばれる。

たのは、仁徳の発露というより、それこそが弋射をおこなう戦士の心得であった、と理解すべきである。

　ちなみに、鳥類の生け捕りを目的とするこの狩猟法の存在意義の一つとして、宋恩常《そうおんじょう》▲は、婚礼の結納《ゆいのう》の手みやげに「雁《かり》」を贈る必要があったことを指摘している。極めて示唆的な見解ではあるが、より正確には、西周から春秋時代にかけておこなわれた贄見礼《しけんれい》▲が鳥類の贈与をともなうものであったため、とすべきである。贄見礼とは、当時の貴族層が初対面、あるいはなんらかの目的で相いまみえるとき、贄《し》(手みやげ)を贈る儀礼である。たとえば、冠礼を終えた士は、国君、卿大夫などに挨拶に行く必要があったが、そのさいに贄見礼がおこなわれた。仕官先を求め続けた孔子もまた、列国の国君や卿大夫と会うごとに贄見礼をおこなったはずである。孔子にとって、生きた雁や雉は生涯をとおしての必需品であり、捕獲のための弋射も、一生を通じておこなっていたと考えられる。『論語』郷党篇《きょうとう》◎の末章に、孔子と子路が、「雌雉《めすきじ》」の俊敏な動きを観察しているようすを描写した極めて難解な記述があり、古来衆訟の的《まと》となっている。二人の戦士にとって、雉は弋射の対象であったという事実を踏まえて理解

▼宋恩常（一九二七〜　）　中国社会科学院世界宗教研究所所員、雲南民族学院民族研究所研究員などを歴任。著書に『雲南少数民族研究文集』、『中国少数民族宗教初編』などがある。

▼贄見礼　当時の貴族が、身分の高低や任務の内容に応じ、特定の品物を贈って対面した儀礼の総称。贈与の品には玉、帛、禽獣などがあり、贄あるいは質《ち》と称された。楊寛「贄見礼新探」(『西周史』上海人民出版社、一九九九年)に詳しい。

◎郷党篇　原文は、「色として斯《ここ》に挙がり、翔《かけ》りて後に集《あつ》まる。曰く、山梁の雌雉《しち》、時なるかな時なるかな、と。子路これに共《むか》えば、三たび臭《な》きて作《た》つ」。

すべきであろう。以上、孔子が、御術と射術に長《た》けた戦士としての一面を有していたことを確認した。

実際の戦争にかんしては、上述の如く、正義の戦いであれば、孔子自らその発動を請願している。さらに孔子が魯の大司寇《だいしこう》▲の地位にあったとき、公山不丑《こうざんふちゅう》が率いる叛乱軍が魯の宮殿を襲撃し、流れ矢が国君・定公の近くにまで届くという事態にいたった。このとき、孔子は二人の大夫に命令して、叛乱軍を攻撃、鎮圧させている(『左伝』定公一二年)。

このように見てくると、『礼記』礼器篇の「我、戦えば則ち克ち、祭れば則ち福を受く。蓋《けだ》し其の道を得ればなり」という孔子の言葉は、春秋時代人である以上、当然ではあるが、孔子もまた祭祀と戦争を最大の関心事としたこと(四一頁参照)、さらに一個の戦士であったことを物語っているのである。

▼**大司寇**　獄訟や刑罰をつかさどる官名。司馬(軍政担当)、司徒(土地・人民担当)、司空(土木建築担当)などとならぶ重要な官。

王統の末裔

なおかつ孔子には、有能な戦士であらねばならない特別の理由があった。孔子の父が勇力の戦士であったことは既述のとおりであるが、ここであらためて、その父と孔子の関係を考えてみたい。拙著『先秦の社会と思想』で詳述したが、孔子自ら「三年父の道を改むることなきは、孝と謂うべし」(学而《がくじ》)と述べ、また、父の死後も「父の臣と父の政」を改めなかった孟荘子を高く評価した(子張《しちょう》)ように、当時の人々にとって、父の生き方は、子が生きる手本であった。孝とは、父祖の生き方全般を儀表とし、それに倣《なら》って生き、身を終えるまで、父母の心をそっくり自分の心とし続けることであった。金文史料に「皇考《みおや》に帥型《そつけい》す(手本としてのっとる)」といった常套句が見られるが、それは、あたかも鋳型にはめ込んで再生するように、父祖とまったく同じ生き方を繰り返す、という意味であり、それが理想とされたのである。したがって、孝の徳をあれほど強調した孔子が、まずめざしたのは父と同じ勇士となることであったに違いない。

しかも、孔子が勇力の戦士となることへの父母の期待は、いっそう強いものがあった。その事情は、『孔子家語』本姓《ほんせい》篇に詳しい。それによれば叔梁紇は、「聖王の裔《すえ》」を先祖に持ち、「身長十尺、武力絶倫」であった。唯一の男子(孔子の兄・孟皮)は、「足の病」があり、後を継ぐことができなかった。そこで、歳をとってから、魯の顔氏に縁組みを申し込むこととなった。顔氏には三人の娘があったが、上の二人は年齢差を気にして、うなずかなかった。しかし末娘は、叔梁紇を見込んだ父の意を汲み、嫁ぐことに同意した。その三女・顔徴《がんちょう》在《ざい》が、尼丘の山に祈って授かった男子こそ、孔丘《こうきゅう》すなわち孔子なのである。つまり、孔子は当初より、叔梁紇の後継者として、すなわち勇士の申し子として、この世に生を受けたのである。なおかつ父親ゆずりの体躯は、「九尺六寸」(世家)をはかり、まれに見る偉丈夫として、肉体的な資質を充分に備えていた。

しかも、「聖王の裔」としての自己認識は、孔子自身も受け継いでいた。すなわち死の直前に、「殷人」である自分を殷礼▲に従って葬るように、と遺言した(『礼記』檀弓《だんぐう》上)ように、孔子は自らを殷の後裔であると認識していたのである。さらに同時代の人からも、「孔丘は聖人の後なり」(世家)、「先聖王の裔なり」(『孔子家語』本姓)と称されている。また『韓詩外伝』巻八には、孔子が魯の司寇《しこう》に命じられた際の任命の辞が残され、「宋公の子、弗甫何《ふつほか》の孫(この場合の孫は、後裔の意)、魯の孔丘、爾《なんじ》に命じて司寇たらしむ」とある。孔子が妻として娶《めと》ったのが、宋人(幵官氏の女)であったことも確認しておきたい。

▼殷礼　本書一四頁の「喪家の狗」にたいする注でも述べたように、近年における発掘調査の成果によれば、春秋末、戦国初にいたるまで、魯国都城には、殷周両民族の異なる埋葬習俗が継続して存在していた。発掘された墓葬は、西周初、周公旦の子である伯禽《はくきん》が、封建されたときに賜与された、いわゆる「殷民六族」、すなわち条氏、徐氏、蕭氏《しょうし》、索氏《さくし》、長勺氏《ちょうしゃくし》、尾勺氏《びしゃくし》の後裔のものであると考えられている。

孔子に至る世系

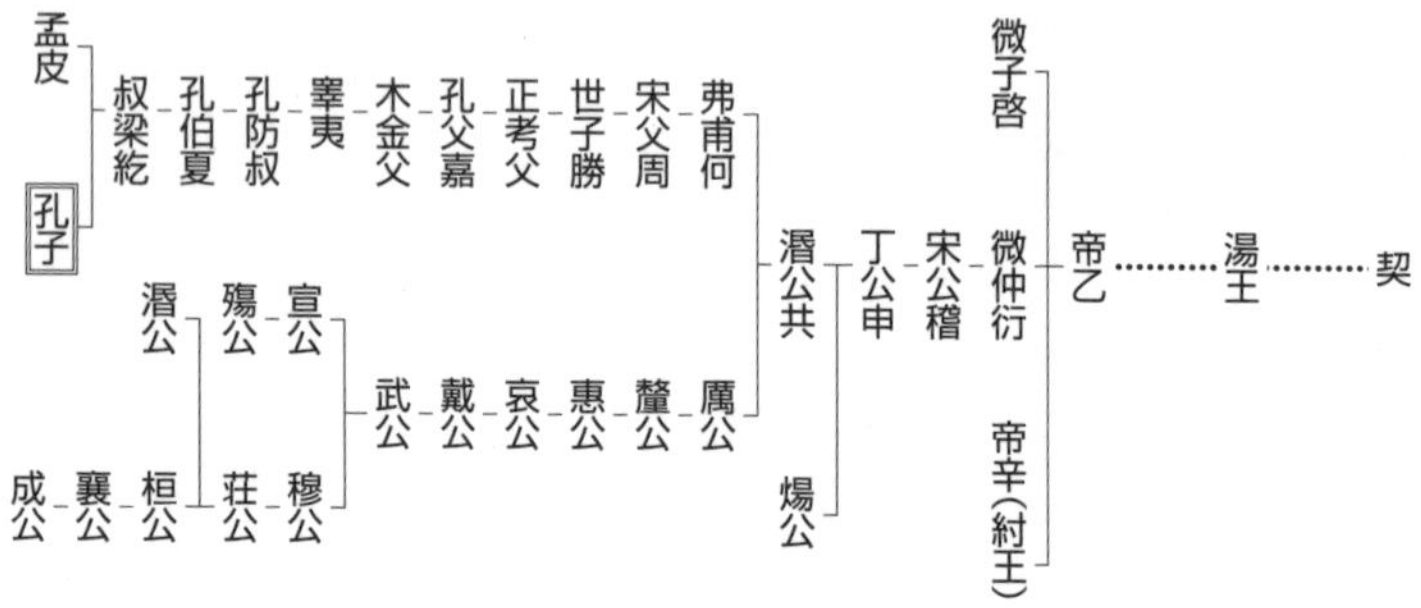

そもそも春秋時代の諸侯や大夫の観念において、彼ら一族の系譜は、一様に夏王朝以前の始祖にまで明確に遡ることができた。また、当時の人々はつねに自分自身を、そうした始祖に始まり、未来の孫子《まご》へといたる生命の流れの一コマを担う存在として位置づけていた。これらの点は、前掲拙著で詳論したが、そのような夏王朝以来、春秋にいたるまでの祖先の系譜を記した書物が『世本』である。それによれば孔子一族は、西周期の宋の湣公《びんこう》の嫡子でありながら君位をゆずった弗甫何を直接の始祖とし、それ以降の世系は、宋父周《そうほしゅう》、世子勝、正考父《せいこうほ》、孔父嘉《こうほか》、木金父《もくきんほ》、睾夷《こうい》、孔防叔、孔伯夏、叔梁紇と続き、孔丘（孔子）へといたった。このうち孔父嘉は大司馬として宋の穆公《ぼくこう》に仕えていたが、太宰・華督《かとく》の起こした政変に巻き込まれ死亡する。その後、孔防叔のときにいたり、華氏の迫害を避け、魯に来奔《らいほん》したという。

また湣公より以前は、丁公申、宋公稽、微仲衍《びちゅうえん》（宋開国の祖・微子啓の弟）、さらには帝乙《ていいつ》をへて、はるか遠く殷の湯王に、その先は始祖契《せつ》にまで遡り、一体感を感じていたはずである。死の直前に殷人の礼で葬るようにと遺言した孔子は、こうした殷の王統としての血族意識のもとに生きていたのである。

かりに、このような伝承の客観性に疑念があったとしても、それを事実と認識し、伝承によって自己を規定し、他者もそれを事実と見なし、それとして受け入れたのであれば、その伝承は当事者たちにとって、まぎれもない「事実」であった。このような意味での観念的事実を解明・認識することは、歴史を内在的に理解する大前提である。

しかも、同様の観念的事実を、金文史料によって確認することができるのである。すなわち春秋中期の青銅器「叔夷鎛《しゅくいはく》」▲の作器者は、斉の霊公に仕えた叔夷であるが、自らの出自について、我が祖先は遠く殷の湯王に遡り、父は宋の穆公の孫、その妻は宋の襄公の姪、すなわち杞の成公の女《むすめ》であって、両者の間に生まれたのが自分である、と述べている。叔夷は、自分が宋の穆公の孫であること、さらに約千年前の湯王以来の王統に属することを誇示している。宋の穆公といえば、孔子の六代前の祖先、孔父嘉の主君であり、その穆公の孫が、斉に奔《はし》り霊公に仕えているのである。かりに叔夷の子孫がさらに数代続いたとすれば、その境遇と血族意識は孔子のそれと酷似したものであったと考えられる。しかも特筆すべきことに、叔夷が銘文で誇示しているのは、殷王の後裔で

▼叔夷鎛　鎛は鐘の一種。前五六六(斉の霊公一六)年に鋳造され、紀元一一二三(宋の宣和六)年に、臨淄《りんし》県の斉の故城から出土。原器は失われたが、模写された銘文全四九一字が伝わる。

あること以上に、斉の三軍の統括を職務とし、異民族を征圧するなど赫赫《かくかく》たる武功をあげたこと、すなわち「霊力▲、虎の若《ごと》」き戦士であることであった。つまり、自らが長期にわたり存続してきた血族の一員であると同時に、勇猛果敢な戦士であること、この二点が春秋時代の人々にとって自己の存在のあかしなのであった。その点は、同じ時代に生きた孔子もまた例外ではなかった。

結局、孔子を春秋時代人として理解することとは、彼を殷文化の伝統を引き継ぐ戦士として理解する、ということになる。孔子の人格は、「温和ではあるが厳しく、威厳はあるが猛々《たけだけ》しくはない」(述而◎)と形容されるが、その厳しさや威厳は、戦士が有するそれであった。ならば殷の戦士としての伝統とはいかなるものか。また、それは孔子思想の根本である仁と、いかなるかかわりを持つのであろうか。次章において、その点を明らかにしたい。

▼霊力　金文史料において、「霊」字は、善(よい、すばらしい)の意に用いられることが多いが、ここでは、「淩」に通じ、猛々しい、荒々しいの意。したがって「霊力」とは、神がかった武勇の力を意味する。

◎述而　原文は、「子は温にして厲《はげ》しく、威ありて猛《たけ》からず」。

④—軍礼とその存在基盤

戦士の伝統と軍礼

戦士と仁、一見、あい反するこの両者を念頭におき、あらためて『左伝』を振り返ると、おのずと殷の伝統を引き継ぐ宋国の戦士たちの戦いぶりに目が向かう。すなわち『左伝』僖公二二年の泓水《おうすい》の戦いで、宋の襄公《じょうこう》は、敵の大軍が河をわたり終え隊列を整えるのを待ったうえで、攻撃を命令した。敵が渡河に気を取られ防御の術がないという絶好の攻撃機会を意識的に逃《のが》したのである。しかし、事《こと》、志《こころざし》と異なり、自らも傷つくまでの大敗を喫し、それが原因で翌年に落命することとなる。敗戦直後、攻撃の機会をわざわざ逃したことを非難されると、襄公はこたえた。◎

> 君子は負傷兵を攻めず、白髪混じりの老兵を捕虜としない。古の戦法では、窮地にある敵を攻めない。寡人は亡国の後裔ではあるが、隊列が整わぬ軍隊に攻撃をしかけることはできない。

この襄公にたいし、『左伝』は「いまだ戦を知らず」と笑殺しているが、『公《く》

◎襄公はこたえた　原文は、「君子は創《きず》を重《かさ》ねず、二毛を禽《とら》えず。古の軍を為すや、以て隘《くるしむ》をせめず。寡人は亡国の余と雖も、列を成さざるを鼓《こ》せず」。

羊伝《ようでん》』は「戦争という国の大事に臨み、大礼を忘れない……周の文王以上にみごとな戦いぶりである」と絶賛し、司馬遷も、襄公には「礼譲」があると評価している（世家）。こうした評価の問題とは別に、ここで確認すべきは、後世、「宋襄の仁」▲と呼ばれるこの戦法と根底において共通する戦い方を、宋の戦士たちが他にも実行しているという事実である。

たとえば『左伝』昭公二一年には、宋国で発生した内乱にさいし、宋の平公の子・子城が敵対する貴族・華豹《かひょう》と繰り広げた射戦のようすが詳しく記されている。すなわち、両者の乗る戦車が路上ですれ違うと、華豹が「子城ではないか」と大声でいどむ。怒った子城は引き返し、矢をつがえる。しかし、そのとき、華豹はすでに満月の如く弓を引き絞っていた。子城は咄嗟《とっさ》に、「平公の霊、願わくば余《われ》を相輔《たす》けん」と父の霊に加護を願う。願いが届いたのか、放たれた矢は、子城と御者の間を縫って出た。さて、つぎはこちらの番だと、意気込むが早いか、華豹はすでに二の矢を放たんとしていた。そこで、子城は「代わる代わるでないのは卑怯《ひきょう》なり」と叫んだ。それを聞いた華豹は、さもありなんと、矢をはずす。かくて子城が射るや、みごとに命中してしまう。連射しようとし

▼宋襄の仁　たとえば『十八史略』巻一には、襄公について「諸侯に覇たらんと欲し、楚と戦う。公子目夷《もくい》、其の未だ陣せざるに及んでこれを撃たんことを請う。公曰く、君子は人を阨《やく》に困《くる》しめず、と。遂に楚の敗る所と為る。世笑いて以て宋襄の仁と為す」（諸侯に覇をとなえようとして、楚と戦うことになった。公子目夷が、敵の戦闘態勢が整わぬうちに攻撃することを願った。襄公は、君子は、困難に苦しむ人を、さらに苦しめようとはしない、とこたえた。最終的に宋は、楚により打ち破られ、世間はこれを笑って宋襄の仁と呼んだ）とある。

た華豹は、「卑怯なり」といわれて思いとどまり、敵にゆずって射殺されることになったのである。攻撃は交互▲におこなわれるべきである、との観念を両者が共有していたためにおこった事態である。

また、宣公二年、鄭との戦いにおいて、宋の戦士狂狡《きょうこう》は、井戸に落ち込んだ敵の戦士を、戟をさかさにして救い出したが、逆に捕虜にされてしまう。

こうした不可思議な行為は、宋の国君や戦士にかぎらず、春秋時代の戦争一般においてしばしば確認することができる。かつて私は、そうした行為を軍礼と呼び、論じたことがある。詳しくは参考文献に掲げた拙稿を参照されたいが、軍礼とは、窮地にある敵、脆弱《ぜいじゃく》な敵、負傷して戦意のない敵、喪中の敵などにたいし、攻撃をひかえる。また、原則として、攻撃は交互におこなう。さらに、自軍に被害を与えた敵であっても、その勇気と武芸が格別であれば、最大限の敬意を払う、といった行為を意味する。ときにはなんと、戦場で対峙している敵、あるいは行軍の途上にある敵にたいし、戦闘や行軍の労苦をねぎらって飲食物を与えることすらあった。軍礼の存在◎はまた、「逃亡した敵兵は追わず、降伏した兵に誅罰はおよばない」「昔の敵国攻撃では、幼兵は殺さず、老兵は

▼攻撃は交互　郷射礼、大射礼などの射礼においては、二人(上射・下射)が一組となって競技を進めるが、交互に矢を射ることが礼であり、同じく矢を壺の中に入れるのを競う投壺礼でも、交互に投じた。

◎軍礼の存在　原文は「戦うに奔《はし》るを逐《お》わず、誅するに服せるを填《くるし》めず」(『穀梁伝《こくりょうでん》』隠公五年)、「古の国を伐つや、黄口を殺さず、二毛を獲えず。古においては義とされしも、今においては笑わるる」(『淮南子《えなんじ》』氾論)、「古の侵伐する者は、祀(社《やしろ》の樹)を斬らず、厲《やめる》を殺さず、二毛を獲えず」(『礼記《らいき》』檀弓《だんぐう》下)。

捕虜としなかった。当時は正義の戦とされたが、いまでは笑われる」「古の敵国討伐では、社の樹木は斬らず、病兵は殺さず、老兵をとらえなかった」といった言葉が数多く残っていることによっても、確認できる。

軍礼は、とりわけ包囲攻撃にさいして発揮された。たとえば、晋の趙襄子▲が敵城を包囲したさい、敵の城壁が自壊するという「天助」を得た。ところが、これを好機と攻撃命令を待つ臣下の意に反し、趙襄子は退却を命じていった。かの叔向《しゅくきょう》は、「君子は有利に乗じて敵につけ込まない。危険を利用して敵に迫らない」と述べたと聞く。敵が補修を終えるのを待って攻撃せよ、と。敵は、その義に感服し降伏を願った(『新序』雑事四)。

また前五二七年、晋の荀呉《じゅんご》▲が鼓城を包囲したとき、敵方から内応したいと申し出る者が出現した。しかし、それを許さず、逆に内応者を敵に通知して殺させ、守備を固める機会を与えた。その理由について荀呉は、内応とは敵味方を問わず忌みきらうべき行為であり、それを許せば、忌みきらうべき行為に褒美を与えることになる。戦いは、実力に応じて戦えばよい。敵を攻略するためとはいえ、姦物《かんぶつ》に与《くみ》することはできない、と述べている。三月後、今度は降伏を

▼**趙襄子**(?～前四二五)　趙簡子の庶子であったが、有能さを認められ、嫡子・伯魯に代わり家督を継いだ。晋国における貴族間の熾烈な権力闘争を勝ち抜き、韓氏、魏氏とともに趙氏が晋を三分する局面をつくりあげた。自らの後継には、廃嫡された伯魯の子を立てた。

▼**荀呉**(生没年不詳)　晋の六卿の一、中行穆子のこと。外交面でも足跡を残しているが、虎を素手で打ち殺したとの伝承もあり、軍事面、とりわけ鮮虞《せんぐ》や陸渾《りくこん》の戎《じゅう》など異民族の征圧に活躍した。なお中行は、晋が異民族対策のために設けた歩兵部隊の主力軍で、荀氏の祖先である荀林父《じゅんりんぽ》が最初にその任にあたって以来、荀氏は官職を以て中行氏とも称した。

申し出る者があったが、またもや認めず、これまで以上に戦に励むように勧めた。その理由は、敵の民にはなお生気が見られ、いま降伏を許せば、民に怠ることを教え、敵・味方の双方に悪風を導くことになる。両軍ともたがいの君主のため最後まで力戦することこそが、義であり、あるべき姿である、ということであった。その後、敵が兵糧も戦力もみな使いはたしたと告げてくると、ただちに投降を認め、それ以降、敵兵は一兵たりとも殺さず、敵の君主だけを連れて本国に帰還した(『左伝』昭公一五年)。

荀呉にとって、あるべき戦いとは、たがいに正々堂々と刃《やいば》を交え武勇をつくして戦うことであった。それに悖《もと》る行為は、たとえ目前の勝利を可能にするものであろうと断じて忌避されねばならなかった。つまり、戦士としての自負に従い、たがいの実力を発揮して戦うことこそが第一義であり、ある意味では、そのことのほうが勝敗よりも大切なのであった。

『公羊伝』宣公一五年には、楚の荘王が宋国を長期にわたり包囲したさいのことが描かれている。楚の勝利は確実であったが、食糧が限界に近づき、撤退を考慮し始めていた。一方、宋の側の食糧はつきはて、子どもを取り替えて食らい、人骨を薪《たきぎ》替わりとするありさまであった。このとき、宋の執政・華元▲は楚軍の司馬子反にたいし、窮状をありのままに伝えたのちにいった。「君子は人の災厄《さいやく》を見れば、これを矜《あわ》れみ、小人はこれを幸いとする」と聞きますが、私はあなたを君子とみこんで、実状をお伝えしたのです、と。これにたいし、司馬子反も、「分かりました。お励みください」とこたえたのち、楚軍のほうも食糧がつきるのは確実で、つきしだい撤退する予定、と内実を明かした。その後、司馬子反は、宋を陥落させることに拘《こだわ》る楚王にたいし、「あの小国にすら、人を欺《あざむ》かぬ家臣がおります。我が楚国にいないわけには参りません。ですから、本当のことを告げたのです」と訴え、最後には王を説得して帰国した。「人を欺かぬ」二人の君子の交渉により、餓死者が続出する事態を回避したのである。

　ここで是非とも強調したいのは、この華元が、やはり同じく宋の向戌《きょうじゅつ》▲とともに、それぞれ第一次、第二次「弭兵《じへい》の盟」▲の提唱者であったということである。弭兵とは、「兵を弭《や》める」こと。すなわち弭兵の盟とは、祖先や天地山川などの神々にたいして戦争の停止を誓う和平同盟の意である。春秋中期に二度

▼華元（生没年不詳）　春秋中期、宋の文公、共公、平公の治世において、執政として四十年にわたり、内政、外交、軍事をつかさどった。鄭との戦いに敗北して捕虜となったり、柔軟性に欠ける外交方針によって、大国楚の攻撃を招き宋国を滅亡寸前に追い込んだりもしたが、誠実な人となりで地位を保ち続けた。

▼向戌（生没年不詳）　宋国の左師（六卿の一、国君の補佐役）として平公に仕えた。早くから外交の場で活躍し、その有能ぶりは「諸侯の良」として評価された。反面、権謀術数を好み、臨機応変の処世で保身をはかることに長けていた。そのため、弭兵の盟についても、秩序維持の要《かなめ》は武力であり、それを放棄することは「詐欺」である、と批判する者もあった。

にわたって結ばれた弭兵の盟は、晋楚両大国を含む交戦中の諸侯列国が合議のうえで、武力攻伐の停止に同意・結盟するという中国史上、さらには世界史上においても刮目《かつもく》すべき出来事である。この二度の結盟は、大国のパワーバランスにもとづく軍事的妥協としての面もあったに違いない。しかし、提唱者がそろって軍礼の伝統が濃厚に残っていた宋国の大夫であったことは、恐らく偶然ではない。すなわち、弭兵の盟は、「人の災厄を見れば、これを矜れむ」という君子の軍礼精神をその根本理念としていたと考えられるのである。

軍礼と仁

以上に見たように、宋の戦士にとりわけ濃厚に観察できる軍礼は、仁の精神の実践として理解することが可能である。すなわち負傷兵、幼兵、老兵、逃走兵、降伏兵には危害を加えない。隊列が整わぬ敵、窮地にある敵、戦意を喪失した敵は、やはり攻撃対象としない。これらは要するに、敵の立場に立って、敵が望まぬ攻撃を控えているのであって、まさに、「己の欲せざるところは、人に施すことなかれ」という「恕《じょ》」の実践にほかならない。

▼弭兵の盟　諸侯国内の社会矛盾が深刻化したため、晋と楚が覇権闘争を停止することに合意し、その他の諸侯も参加して成立した二度にわたる非戦同盟のこと。一度目は前五七九年、華元の提唱により、宋の西門外で結盟、二度目は前五四六年、向戌の提唱により、宋の蒙門外で結盟した。その結果、秦と斉を除く諸侯は、晋・楚両国に朝貢することとなったが、諸侯間の戦争は減少した。一度目の盟辞は、「凡そ晋楚は相い戎《やいば》を加うることなく、好悪《よしみ》これを同じくし、同に菑危《さいなん》を恤《うれ》い、備《つぶさ》に凶患を救わん。若し楚を害するもの有れば、則ち晋これを伐ち、晋に在りては、楚も亦たかくの如くす。交贄《みつぎもの》往来し、道路は壅《ふさ》ぐなかれ。其の不協を謀り、而して不庭を討て……」とあった。

一方、敵の窮状を救う、敵に戦闘態勢を整える機会を与える、敵に食糧を贈って慰労する、敵を鼓舞する、自軍の窮状を伝える、ときには自らを攻撃する機会すらも与える。これらもまた、敵の立場に立って、敵が望む臨戦ならびに攻撃態勢の確立を、己のそれより優先させているのであり、まさに「己立たんと欲して人を立て、己達せんと欲して人を達する」という「忠」を践みおこなっている。

つまり軍礼は、その本質において忠・恕、すなわち「仁」(本書二七頁参照)の実践であると見ることができるのである。孔子は、『礼記』檀弓下に見える史料で、こうした軍礼の本質をみごとに喝破している。楚の工尹《こういん》▲商陽《しょうよう》が陳棄疾《ちんきしつ》を車右《しゃゆう》として戦いに出たとき、「王から授かりし使命でござる。いまこそ弓を手にして戦われよ」と陳棄疾がうながした。そこで工尹商陽は、敵の兵士一人を射倒し、弓を韔《ゆぶくろ》にかたづけた。陳棄疾がもう一度促すと、今度は二人を倒した。一人を倒すごとに、工尹商陽は正視するにたえず、自分の目をおおった。そうして御者に停車を命ずる。「我輩は、朝見のときに所定の場所が与えられているわけではない。燕礼▲に参加できるわけでもない。そんな我輩が三人も倒

▼工尹　官営手工業の工匠などを管理する官名。尹は、各種官吏の通称で、とくに楚国では令尹、左尹など数多くの官に用いられている。

▼燕礼　諸侯の君主が卿大夫を招き、酒食でもてなす儀礼。目的は、君臣関係の融和、臣下にたいする慰労、他国の使者にたいする歓待など。その具体的な儀礼については、『儀礼』燕礼、『礼記』燕義に詳しい。

▼『釈名』　後漢の学者、劉熙《りゅうき》(生没年不詳)が、天地から庶民の日用物資にいたる二七部門総計一七〇〇の語彙について、いわゆる「音訓」によって、その語源や語意を解釈した字書。音訓とは声訓ともいい、語意の原義は、発音が同じか近い他の語意によって説明できるとする考え方のこと。やや牽強付会《けんきょうふかい》の点もあるが、古代の制度、思想、文化を研究するうえで極めて貴重な書物。

したのだから、務めは充分にはたした。帰還してよかろう」、と。この話を聞いた孔子は、「殺人のなかに、また礼あるなり」と評した。殺人それ自体を目的とするのではなく、敵兵の一人ひとりにたいし、己が修得している武術をつくしていどむ。そうした戦いのなかに一定の礼節がある、というのである。

孔子の評を耳にした子路は、おおいにいぶかり、戦陣では死ぬまで全力をつくすことこそ、人臣たるものの節義。何故、褒められるのですか、と問うた。すると孔子は、たしかに、そのとおりだが、「人を殺すに忍びざる心」を評価しているのである、とこたえた（『孔子家語《こうしけご》』曲礼子貢問）。この場合の「忍」は、『釈名《しゃくみょう》』▲釈言語に、「仁は忍なり。生を好み殺を悪《にく》んで、善く含忍するなり」とあるように、仁と同義と理解することができる。すなわち、殺人のなかに礼がある軍礼とは、「仁」なるおこないである、と孔子が認めていることになる。

また兵書『司馬法』▲は、『軍礼司馬法』とも称され、内容は、湯王や武王がおこなった仁義・礼譲を根本とする戦争の「遺事」であるとされる（『漢書《かんじょ》』芸文《げいもん》志《し》▲・兵書略）。その冒頭の「仁本」篇には、つぎの如くあり、軍礼が仁の実践であることを確認できる。

▼『司馬法』　斉の威王のときに、古の司馬兵法と、春秋時代の景公に仕えた田穰苴《でんじょうしょ》の兵法とを合わせて編集した兵法書。おもに春秋以前の戦争観、軍隊編制、陣法、軍事規定、旌旗鼓鐸《せいきこたく》の使用法などについての記述が見られる。

▼『漢書』芸文志　先秦から前漢にいたる書物の目録。全体は六芸略、諸子略、詩賦略、兵書略、数術略、方技略の六略（三八部門）からなる。それぞれの略、部門には、学術の源流、是非得失、伝授関係について要領を得た説明があり、当時の文化・思想状況を知るための必読文献となっている。

古は仁を以て本と為し、義を以てこれをおさめた……それゆえ、人を殺してもそれ以外の人を安んずることができれば、これを殺してもよい。その国を攻めても、その民を愛するならば、攻めてもよい。戦によって戦を止めるのであれば、戦ってもよい……原則として、農時に戦を興さず、疾病流行時に兵を動員しないのは、吾が民を愛するためである。喪中の国を攻めず、飢餓に乗じて攻撃しないのは、敵国の民を愛するがゆえである……敵国の地に入っても、神祇《しんぎ》（天地山川の神々およびその施設）に狼藉を働かない。田猟をおこなわない。土木施設を破壊しない。民家を焼かない。材木を伐らない。家畜・穀物・物資を掠奪しない。老幼を見れば、保護して家に帰し傷つけてはならない。壮年の者でも抵抗しなければ敵視はしない。敵兵が傷ついていれば、手当をしてから返す。

以上のように、軍礼とは、その本質において仁と重なるものであった。しかし、当然ながら、両者は機能する場面や歴史的社会的位置づけがまったくことなる別物でもある。軍礼と孔子が唱えた仁とは、いかなる関係にあるのか、それを明確にするためには、軍礼のよって来るゆえんを明らかにする必要がある。

戦士の価値観

前述の如く、春秋時代とはまさに戦争の時代であり、人々の最大の関心事は戦争であった。そうした時代における軍礼の存在理由を考えるためには、戦士たちの価値観を明らかにしなければならない。まず確認すべきは、当時における戦士は、戦国以降のように徴発された農民兵ではなく、戦士であること自体に価値を認め、戦うことを権利とも義務ともするいわば貴族戦士であったということである。文武は一致し、国君自らが最前線に出陣し、平時の卿相が非常時の将軍となり、郷党組織は、そのまま軍事組織として機能した。すなわち、平時における郷党の長が、軍隊を指揮する「師氏」となり、高級軍官として軍事訓練、とりわけ射術の指導に責任を持った。「師」なる文字が、教師の意味を持つゆえんである。なお「夫子《ふうし》」も、本来は師と同じく、軍事長官を意味した。

『国語』斉語は、こうした組織の利点をつぎのように記す。戦士間には、何世代にもわたり生死苦楽をともにしてきた緊密な人間関係の蓄積がある。それ

▼**童書業**（一九〇八～一九六八）　中国古典・古代史研究者。古代文化研究者・顧頡剛《こけつごう》の私的助手をへて、上海市博物館幹事、山東大学教授などを歴任。主著に『春秋史』『春秋左伝研究』『童書業史籍考証論集』などがある。

ゆえ、夜戦では声だけで統率ができ、日中には目だけで意志疎通が可能であり、守れば堅固、戦えば強力である、と。

要するに当時の国家は、童書業《どうしょぎょう》▲が明確に指摘しているように、戦士国家なのであった。童氏によれば、当時の社会を構成する周王以下の主要階層の本来的な姿は、以下の如くであった。周王は部族国家連合の軍事的リーダー、諸侯は部族国家の軍事的リーダーあるいは周王の親族。卿は、胞族（複数の氏族が構成する軍事的単位）のリーダーあるいは諸侯の親族で軍事的才能を有する者。大夫は氏族のリーダーあるいは周王や諸侯の一般親族。士は如上各層の有力者に直属する戦士あるいは王や諸侯の傍系親族であった（『春秋左伝研究』一四九頁）。諸侯国とは、こうした戦士たちによって構成されていたのである。

戦士たるべき当時の男子は、成人儀礼において、三種の冠を順にいただいた。最初は儀礼用の緇布冠《しふかん》（黒い麻布製の冠）で、統治階層の一員であることを示す。二つ目は狩猟・戦闘用の皮弁冠《ひべんかん》（白い鹿皮製の冠）で、戦争に参加する義務と権利を示し、三つ目は祭祀用の爵弁《しゃくべん》（赤に黒をまじえた布製の冠）で、宗廟の祭祀に参加する責任を象徴した（楊寛「冠礼新探」、『西周史』）。また西周に始まった官吏の帯剣が、春秋にいたり広く一般化したこと、当時の墓の副葬品として、武器や車馬器(多くは戦車の部品)が相当程度の割合を占めていることなどからも、戦士国家の尚武の風をうかがうことができる。

そのような社会では、武張った人物が理想とされた。たとえば『詩経』周南・兔罝《としゃ》には、「赳赳《きゅうきゅう》たる武夫《もののふ》」、すなわち雄々しい戦士こそが、公侯の「干《た》城《て》」であり、「好仇《よきとも》」であり、「腹心」であるとされ、「鄭風」羔裘《こうきゅう》では、剛直で「はなはだ武にして力ある」人物こそが「邦の彦《くにのますらお》」であると謳われている。ちなみに『左伝』や『国語』に見える人物名を調べると、「虎」を名とする人物を王子虎、陽虎など十一人、「豹」を名とする者を叔孫豹、華豹など十人を数えることができる。いうまでもなく、勇猛果敢の戦士となることを願っての命名である。

こうした社会に生きる人々にとって、大人になるとは武芸に長《た》けた戦士となることであり、武芸の習熟が人間の完成度を示す一つの基準であった。当時の主要な戦争形態は車戦であり、戦士たちが身につけるべき武芸とは、射術と御術にほかならず、この両者が戦士たちの生活のあらゆる面に浸透し、かつ密着していた。

男子が誕生すれば、弓を門の左に懸《か》け、三日目には、その子を背負って矢を射た。太子の場合は、桑弓《そうきゅう》を用い蓬矢《ほうし》▲六本を天地四方に射かけた（『礼記』内則）。これらの儀礼が終わったのちに、ようやく最初の授乳がおこなわれた（『礼記』射義）。また子どもは、御術の修得を以て成長の目安とした。すなわち年齢を問われた大夫の子は、「未だ能く御せず」とこたえるか、「能く御する」とこたえるかにより、自らの成長を表した（『礼記』曲礼下）。

人材選抜は、郷射礼、大射礼、燕射礼、賓射礼など、階層に応じて定められた射礼によっておこなわれた。射礼では、的《まと》に適中させる能力を「賢」なる語であらわしたが、それは、射礼の目的が、勇猛にして武芸に秀でた人物を選ぶことにあったことを意味する。社会的地位の上昇のためには、射術の修得が不可欠であった。それゆえ、六芸《りくげい》、すなわち子弟教育の六項目（礼・楽・射・御・書・数）のうち、とりわけ訓練の必要な礼・楽と射・御とが重視され、さらにそれらのなかで、とくに射術が重んじられたのである。

射術の重要性は以下の諸点からも確認できる。第二章で述べたように、勇力

▼桑弓、蓬矢　古代中国において、桑と蓬《よもぎ》はともに邪気を祓《はら》う性質があると考えられた。同様の機能をはたすものとして、弓には桃弓、矢には棘《きょく》（いばら）矢《し》、葦矢《いし》などがあった。なお『礼記正義』は、蓬は「乱を御する草」、桑は「衆木の本」との解説を加えている。

の士・南宮万《なんきゅうばん》が魯の荘公を称えたのは、自分を捕虜とした荘公の射術の技量に感服したからであった。その荘公を謳《うた》ったともされる『詩経』斉風・猗嗟《きさ》には、眉目秀麗の戦士の射手ぶりが、「弓引けば鮮やかな手並み」「一日中、射続けても的をはずさず」「四本射ればすべての矢が一箇所に集まる」、などと形容されている。

当時の社会における射術の位置は、若い女性の男性観によっても知ることができる。『左伝』昭公一年によれば、鄭の徐吾犯《じょごはん》には、美人で評判の妹があり、彼女をめぐり子晳《しせき》と子南が嫁取りを争った。その解決策として執政・子産が案出したのは、妹自身に二人の品定めをさせるという方法であった。約束の日、子晳は着かざって現れ、贈り物を並べて去った。これにたいし、子南は、軍服を着込んで登場し、矢を左右に射わける技量を披露したのち、戦車に飛び乗って帰っていった。結果的に、妹は「子晳は本当にハンサム。子南は立派な強者《つわもの》。男は男らしく、女は女らしくというのが、物の道理」として、子南に嫁いだ。また『左伝』昭公二八年によれば、不男《ぶおとこ》の賈《か》大夫が娶った美人妻は、三年間、口もきかず笑いもしなかった。しかし、馬車を御して妻と二人で外出したとき、

▼**『説文解字注』** 清の経学ならびに文字訓詁学者、段玉裁が一生をかけて完成した『説文解字』の注釈書。時代的制約により、甲骨文字は未見であり、金石文字の把握も不充分な点はあるが、字形、発音、字義を総合的に解釈することにより、古代文字の実相に近づくことに成功した。古文字研究における参考価値は、いまなお大きい。

不意にあらわれた雉《きじ》を射止めると、初めて笑顔を見せ、口をきいた。このとき賈大夫は、「武芸の才は捨て置けぬ。射損じていたら、お前はついぞ口もきかず笑いもしなかったはず」といったという。

以上のように、春秋時代とは、射・御が不可欠の武芸であり、その習熟の程度が人間の完成度を示す時代であった。そうした価値観を有する戦士たちが、戦場であいまみえるときには、たがいに戦士としての本領を実力どおりに発揮することがなにより優先された。彼らにとって、戦闘の相手とは、基本的に対等の条件で正々堂々と武芸の習熟を競い合う対象であった。敵の戦士や戦士集団もまた、自らと同様に武芸の完成をめざしており、その点において、対等の存在であると認めていたのである。「敵」という漢字には、「戦う相手」と「つり合う相手」という二つの意味がある。これについて、段玉裁《だんぎょくさい》『説文解字注』▲は、「たがいに同等であることを敵といい、これに因《ちな》んで戦う対象も敵という」と述べている。当時の戦士は、戦う相手を、自らと対等の戦士であると観念していたのである。

こうした敵味方の間には、ともに戦士であるという誇りと武芸にたいする矜《きょう》持《じ》とにもとづく一種の共感が存在した。すなわち自らの武芸に覚えがある戦士は、戦う相手もまた勇敢剛強の士であることを望み、また戦闘の場では敵味方の双方が充分に武芸を発揮できる態勢にあることを期待した。敵の武芸と勇気が自分を上回る場合には敬意を示し、それ以下の場合にはあわれみの気持ちを感じ、ともに攻撃をひかえた。相手が万全の態勢にないときには援助を与えることもあった。命のやりとりをする敵の戦士にたいして、敬譲・仁愛の精神すら抱くことがあったのである。

以上、戦士たちの日常的な価値観が軍礼を支える対等意識を生ぜしめることを述べた。これこそ軍礼が存在したもっとも直接的な理由なのであるが、じつは当時の戦士たちがたがいに対等意識を抱くことになる歴史的理由をさらに二つ指摘することができる。

封土の長

一つは、当時のすべての戦士が、基本的に自立した土地所有者であったことである。この点は、つとに張蔭麟《ちょういんりん》▲、童書業が指摘している。すなわち張蔭麟

▼**張蔭麟**（一九〇五～四二）　中国史研究者。清華大学教授などを歴任。主著に『張蔭麟先生文集』がある。

『中国史綱』によれば、周初に成立して春秋末まで継続した「封建帝国」においては、周王を頂点として、多くの封君がピラミッド状の階層を形成していた。それぞれの封君は、上層の封君にたいして臣を称しはしたが、実質的には、一地域の世襲的な統治者であり、かつまた地主であった。この社会において、すべての統治者は地主であり、逆に地主はすべて統治者であった。諸侯国の内政は、ほぼ完全に自立を保ち、周王朝成立当初こそ、王室の軍事的な威圧は存在したが、その後は諸侯の王室にたいする義務もほぼ空文と化し、その履行は諸侯の意志に任された。一方、周の王畿、諸侯の国内においても、大部分の土地が、多くの小封君に分与された。小封君は、封地内における政治上、経済上の世襲的支配者であり、住民は彼にたいし租税をおさめ、力役ならびに兵役に服するとともに、生殺与奪の権を握られていた。ただし、小封君は毎年、諸侯あるいは王室にたいする貢納の義務を負っていた(同書二一〜二二頁)。

張氏とほぼ同じ見解をより説得的に述べる童書業『春秋史』によれば、世族制と世襲官僚制こそが、この時代を特徴づけている。すなわち、諸侯国の上層において最重要の地位を占める卿大夫は、人数も多く、掌握する実権は最大にして、存立基盤も牢固であり、容易に消滅させることはできなかった。そうした卿大夫が、自らの地位を維持する手段としたのが、世襲官僚制であり、それはまた世族制に依存していた。世族とは、卿大夫の氏族のことであり、周密な宗族組織をともない、何世代にもわたり土地と勢力を保有したことから、世族と呼ばれた。世族は事実上、諸侯国内部の小国家であり、それは、宗法《そうほう》制と封建制に起源する。宗法とは、親族を組織的に統括する原則を指し、封建とは、親族組織を統治組織へと拡充する原動力である。かくて世族は、親族組織と政治組織を融合したうえで宗法を用いて支配する特殊な集団となる。

当時の卿大夫は、固有の封土ならびに政治権力を有し、それによって一族郎党をやしない、一種の半政治的な宗族組織を形成することができた。彼らは、いわば小君主であり、国君の地位と土地が世襲されたように、彼らの地位と土地も世襲された(彼らの家臣の地位も世襲された)。こうした世族大夫は、自らの封土のなかでは、自由に邑を築き、軍隊を設けることができた。大国の大世族ともなれば、封土内に数十から百にいたる邑を有し、数千から一万に及ぶ戦士を擁した。実力は、大国との交戦すら可能なほどであり、ときにその地位は、

▼**干戈**　干は盾《たて》のこと。皮革製と木製のものがあり、表面には、防御機能を増すために、青銅製の半球状の「銅泡《ほう》」がはめ込まれたり、威嚇《いかく》のための文様が描かれたりした。戈は本書四九頁の注を参照。図は戦国楚墓出土の漆盾。

二流諸侯の君主にまさるほどであった。その大きな権勢により、歴代にわたり国政を牛耳り、上は周王、諸侯を擁立し、下は庶民をおさめ、当時の各国の国力は、事実上、世族の存在にかかっていた(同書七八頁)。

　このように世族を形成する卿大夫は、諸侯国内において、いわば分節的な存在形態を示していたが、そうした卿大夫の傍系子孫が、「干戈《かんか》▲を執り以て社稷《しゃしょく》を衛《まも》」(『礼記』檀弓下)ることを義務とし、田土を所有する士として、やはり分節的に存在していたのである。

　当時の社会構造を理解するうえで決定的な意味を有する封土について、童氏はつぎのように述べる。そもそも封土を所有するとは、人民を保有することである。それにより組織的武装が可能となり、それがまた自立する拠り所となった。春秋以来、天子が諸侯を制御できず、諸侯も大夫を、さらに大夫もまた家臣を制御できなくなるにいたったのは、まさにこのゆえである。封土賜民《ほうどしみん》の制は、実際には、割拠の局面を醸成《じょうせい》する原因▲にほかならなかったのである、と(『春秋左伝研究』三三二頁)。

　以上に見た両氏の所説は、春秋以前における社会の原理的な構造を解き明かしている。春秋以前の戦士たちが、後世とは異なり、相当程度の自立性を有していたのは、当時の社会が強固な親族組織におおわれていたためであった。言い換えれば、大小さまざまの封土が分節形態を示しつつ、宗法により集積されることで社会が形成されていたゆえなのであった。周王や国君から士にいたるまでの人々は、当然ながら、現実の地位や勢力において相互に大きな隔たりはあったが、本質的には、すべてが自立的な封土の長であり、かつまた武器を手にして闘う一戦士である、という点で対等だったのである。

要するに、当時の戦士たちが対等意識を抱くことになる歴史的理由として、彼らが、封土という同様の自立的な「生存基盤」の上に立っていた、という事実を指摘できるのである。

祖先観念

戦士間に対等意識が存在したいま一つの理由は、前掲拙稿で詳論したように、彼らが帰属する親族組織が、祖先祭祀によって秩序を維持する祭祀集団であった、ということである。すなわち強固な祖先観念のもと、祖先祭祀によって秩

▼醸成する原因　この封土賜民の制にたいし、春秋時代に成立する俸禄制度のもとでは、臣下は、自立の拠り所としての土地や人民を所有しない。それゆえ、統治者は容易に臣下を任免することができ、臣下は任用されれば官僚となり、されなければ民にすぎない。ここに政治的統一の可能性を見出すことができ、俸禄制度の成立は、政治経済上の一大変化である、と童氏は述べている。

序維持をはかっていた当時において、そうした構造自体は、たとえ敵のそれであっても破壊することはできなかった。なぜなら、それは同じ構造によって成り立つ自らの秩序基盤の否定をも意味するからである。しかも、敵を殲滅《せんめつ》すれば、敵の祖先は、子孫の祭祀を受けられぬ厲鬼《れいき》▲と化し、ただちにそれがもたらす種々の祟《たた》りに直面しなければならなかった。かくて、敵を殲滅することには極めて大きな忌避感がともない、少なくとも祭祀の継続に必要な組織は保存しようとした。のみならず、自らの祖先祭祀の継続を願うように、敵の祭祀の存続を期することさえあった。すなわち、戦場で命をやりとりする戦士たちが相互に対等意識を抱いた歴史的理由として、当時のすべての戦士が拠って立つ共同体が祖先祭祀集団であり、祖先祭祀によって社会秩序が維持されていたという観念的基盤を指摘することもできるのである。

　以上、本質において仁と重なる軍礼のよって来るゆえんとして、戦士たちの日常的な価値観、社会の分節的構造、祖先観念などを指摘した。ならば、孔子の仁と軍礼とは、いったい何がことなるのか。これについて述べ、本書の結論としたい。

▼厲鬼　子孫が滅亡して祭祀を受けられなくなった祖先の霊魂のこと。当時の観念では、人は死後もつねに食物を必要とし、食物に飢えると、種々の祟りをする。しかも、その食物は、自らの子孫が祭祀によって奉献したものだけを受け入れる、と考えられた。それゆえ、ある国を滅ぼすと、祀り手のいない厲鬼の恐怖に直面することになった。

▼**晁福林**（一九四三年〜　）　中国古代史研究者。北京師範大学教授などを歴任。主著に『先秦民俗史』『先秦社会思想研究』『先秦社会形態研究』などがある。

⑤—仁の誕生

社会変動と軍礼の消滅

まず指摘する必要があるのは、孔子の時代には、軍礼を生み出した三つの基盤のいずれもが、すでに崩壊しつつあったということである。自立的な「生存基盤」にかんしては、当時しだいに導入されつつあった国家授田制が、それ以前の分節的な土地所有形態を最終的に一掃するものであったことを指摘しなればならない。たとえば晁福林《ちょうふくりん》▲「戦国授田制」によれば、戦国時代における鉄製農具と牛耕による生産力の発達は、春秋以前の大規模集団による共同耕作を不要とし、五口の家が農業生産を担う主体となることを可能とした。一方、国家の側も、もはや卿大夫への分封はおこなわず、納税と兵役の負担者である小農民を直接把握する体制へと移行する。すなわち小農民を戸籍に記録したうえで、家ごとに百畝の田を授給し、収穫量に応じて納税する体制が成立する。これが国家授田制である。授田制の実施において、国家が重視したのは、農民の戸数を増加させること、分配する田土の質ならびに面積を平均に保つことであった。

伝統的な分封制度のもとで、各層の貴族は、下位貴族にとって「君」にほかならなかった。しかし、授田制度のもと、農民は国家から直接支配されることとなり、この時点において、国君だけが、真の意味での「君」となった。かくて自立的な封土の長としての戦士は、消滅することになるのである。

つぎに観念的基盤についても、春秋戦国交代期以降における祖先観念の形骸化を指摘しなければならない。前述の如く、当時の祖先祭祀集団の世系を記した書物『世本』によれば、春秋時代の諸侯大夫の始祖は、ひとしく夏以前にまで遡り、それらの始祖に始まる祖先祭祀集団が春秋時代まで存続している、と観念されていた。司馬遷が『史記』太史公自序で、『春秋』には弑君《しいくん》事件が三六、滅国が五二記録され、諸侯の君主が逃亡して社稷《しゃしょく》を保つことができなくなった事例は、枚挙にたえない、と表現した春秋時代の状況は、まさに数多くの祖先祭祀集団の消滅を物語っているのである。こうした現象の因とも果ともなって、祖先観念は、もはや社会秩序の基盤としての機能をはたせなくなる。

この点をもっとも象徴的に示すのが、廟堂政治から、朝廷政治への移行である。春秋以前、祖先は、現世の人とともに諸侯国を担う重要な構成員であると

▼**執政の場の移行**　この現象については、楊寛『中国古代都城制度史研究』(上海古籍出版社、一九九三年)が、元旦の儀礼「朝正」のおこなわれる場所が、戦国以降、廟堂から朝廷へと移動することなどに着目して論じている。

観念されていた。それゆえ、祭祀の場所としての廟堂が、そのまま政治の中心となり、いっさいの政治活動がそこでおこなわれた。しかし戦国以降、祭・政の分離が明確となり、執政の場所は朝廷へと移っていく。▲人間関係に祖先が介在して成立する共同体から、祖先の介在を必要とせず、人と人とが形成する共同体へと移行しつつあったのである。人々の観念における祖先の地位はおおいに低下する。『孫子』用間《ようかん》篇は、戦争に勝利するためには敵の実状を先知することが不可欠であるが、それは「鬼神」の力に頼ってではなく、間諜《かんちょう》(スパイ)を用いてはたすべきである、と記す。さらに『韓非子』亡徴《ぼうちょう》篇は、国君が「鬼神に事《つか》え、卜筮《ぼくぜい》を信じ、祭祀を好む」ことは、国家滅亡の兆候である、とする。かつては国家安泰の自明の要件とされた祖先への依存や祖先祭祀が、なんと滅亡の兆候とされてしまっているのである。別言すれば、自らをたんに血族の生命の流れの一コマを担う存在としてのみ位置づけていた人々が、ここにいたって個としての価値を自覚・追求することとなる。父祖の如く生きるという規範からも、また子孫の儀表となるという制約からも解放され、自分自身を生きる時代となったのである。

自立的な「生存基盤」、観念的基盤の崩壊傾向は、すでに孔子の時代には顕著になりつつあった。それゆえ、戦うことを義務とも権利ともし、武芸の習熟に人間としての完成を認めていた戦士たちの日常的な価値観にも、まさに時代を画する大変化が生ずる。したがってまた、軍礼を背後で支えていた対等意識も希薄化せざるをえなくなる。というより、かつての軍礼を実践しえた戦士たちは消滅し、それにかわって富国強兵のために徴兵された農民たちが、戦争の主役として、余儀なく戦場に登場することになるのである。

周知の如く、孔子の生きた春秋時代に存在した二百数十の邑制国家は、戦国時代には二十あまりの領域国家へ、さらに秦の始皇帝の統一へといたる。『史記』六国年表は、この状況をつぎのように表現している。

孔子の死後、越が呉を滅ぼし、いよいよ戦国時代へ突入する。列国の目標は、兵力の増強と敵国の併呑にあり、謀略や詐術が用いられ、合従連衡策が唱えられた。帝位や君位の僭称《せんしょう》・偽称が頻繁におこなわれ、誓盟に信をおくこともできず、人質や割符も、約束の機能をはたせなくなった。そうした状況のなか、秦は時代の変化に合わせて政治を改め、もっとも大きな成功を成しとげ、始皇帝の統一へと進んだ。

つまるところ、秦の商鞅などの変法政策によって蓄積された軍事力と経済力が趨勢を決定するようになるのである。それゆえ、戦争もまた一変する。楊寛▲『戦国史』(三〇〇〜三一一頁)は、武器や戦争の規模・形態などの面から、春秋と戦国の違いを浮き彫りにしている。春秋時代の武器は青銅製の戈、矛、弓矢などだけであったが、戦国になると鉄製の武器、弩《ど》▲、攻城戦ならびに水上戦用の武具などの新しい戦闘用具が登場してくる。戦闘人員も、春秋時代には貴族とその私属や国人だけであったが、戦国には徴兵制により集められた農民へと変わる。軍隊の指揮は、春秋では国君や卿大夫が自ら軍鼓を鳴らしておこなったが、戦国になると将軍や兵法家が登場する。また軍隊の規模を数字的に見るならば、春秋では戦車数百乗と戦士数万人であったのにたいし、戦国では三〇万から百万の大規模な軍隊へと拡大する。戦術史上の一大進歩といわれる車戦から歩兵戦への転換も、このときに見られた。よって、戦争に要する時間も、春秋では一日か二日で終結する短期戦であったが、戦国では数年も続く持久戦がおこなわれるようになる。戦場での戦いの結果のみによって勝敗が決まった

▼**楊寛**(一九一三〜二〇〇五)　中国古代神話・古代史研究者。上海社会科学院副所長、上海博物館館長、復旦大学教授などを歴任。主著に『中国上古史導論』『戦国史』『古史新探』『歴史激流楊寛自伝』『楊寛古史論文選集』などがある。

▼**弩**　横にした弓の中央に腕木をつけ、腕木の上にのせた矢を、腕木の下の引き金で発射する弓のこと。射程距離、命中率、殺傷力が飛躍的に向上し、当時もっとも威力のある武器の一つであった。

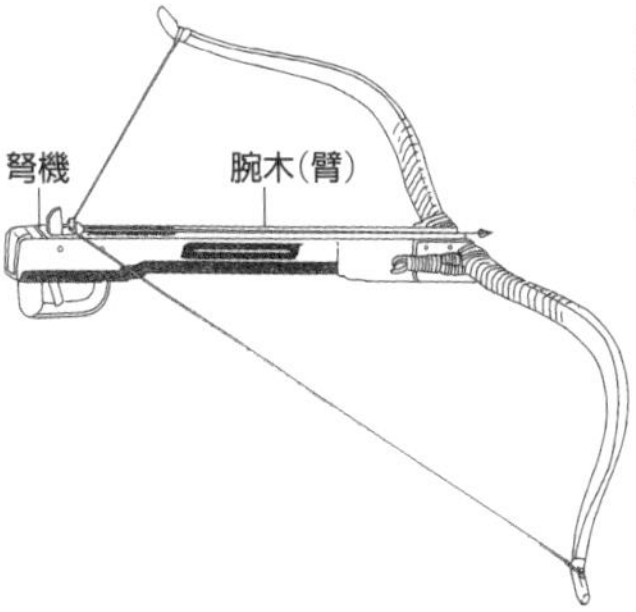

春秋時代にたいし、戦国では交戦国の経済、政治、人口、技術水準などのすべてを含む総合力、さらには一国の民気も勝敗に関係するようになる。

こうした趨勢のもと、戦国時代の統治者たちは富国強兵を実現するため、農民を戦争と耕作とだけに動員しようとする。とりわけ秦では、本来、戦争を忌避する農民を、法と罰をたくみに利用し、あたかも飢えた狼が肉を見るかの如き状態にして戦争に動員した。その結果、農民が徴兵に応じて出立するときには、「手柄をあげずに帰るなかれ」「法令を犯せば、お前も死に、我等も死ぬ。郷里が見逃すわけがない。軍隊にも逃げ場所はない。家ごと引っ越すあてもないぞ」との言葉を家族からかけられたという(『商君書』▲画策)。

かくて戦争においては、勝利と戦功をあげることが最大の目的となり、手段は問われなくなる。春秋以前の軍礼とは対照的に、『孫子兵法』が記す以下の如き戦争のあり方が一般化した。曰く、「兵は詭道《きどう》である。だからこそ、能力があっても、無いかの如く見せ……利益を与えて誘い出し、混乱させて奪い取る……備えがないところを攻め、その不意をつく」(計)、「敵の考えのおよばないところに乗じ、想定外の方法を用い、無警戒のところを攻める」(九地)、「戦

▼**『商君書』**　『商子』ともいう。秦の孝公に仕え、富国強兵のための一連の政治・経済改革を断行した商《しょう》鞅《おう》(前三九〇〜三三八)ならびにその後学の手になる著作。商鞅変法と呼ばれる改革の内実、ならびに改革実施後の統治状況が具体的に記録されている。

闘は騙すことを根本とし、利益を得るために行動する」(軍争)、と。『商君書』弱民篇には、「戦争では、敵があえておこなわないことをおこなえば、強く、敵が羞《はじ》とすることをおこなえば、有利である」とある。まさに、「春秋から戦国にいたると、奇策・伏兵を駆使し、欺瞞・詐欺の戦争がさかんにおこなわれる」(『漢書《かんじょ》』芸文志《げいもんし》・兵書略)とあるように、もはや戦争は、貴族戦士がたがいの武芸を正々堂々と比べあう機会ではなくなり、当然、対等意識を共有できるはずもなく、軍礼は消滅する。

仁の出現と克己

このあたりで、これまで述べてきたところを整理しておきたい。孔子は、既存秩序の崩壊にたいし、社会は仁で結ばれる人間関係を基軸として構成されるべきである、と主張した。仁とは、人を人として扱い、愛し思いやる態度であった。その仁がいかにして出現したのかを、春秋時代の歴史に即して解明するというのが、本書の課題であった。そこで、戦争の時代である春秋時代の戦士たちに着眼した結果、彼らが戦闘の場面で見せた軍礼が、本質において仁と重なることが確認できた。ただし軍礼は、それを支える三つの基盤とともに、春秋末にいたって消滅する。まさにこの時点において、孔子は、あらゆる人間が仁を日常不断に実践すべし、と唱えた。すなわち、戦争や戦士とかかわりなく、あらゆる人間が自分以外の他者を忠恕《ちゅうじょ》の心で愛し思いやる普遍的な徳目としての仁を主唱したのである。ならば、孔子はいかにしてその仁を実現したのか。

これについては本書第一章で詳述したように、孔子が明確に回答している。曰く、仁を実行するのは、自分自身であって、他人がおこなうわけではない（顔淵《がんえん》）。また曰く、仁は遠くはない。自分が欲すれば、そこに仁がやってくる（述而《じゅつじ》）、と。つまり仁は自分自身が自らの意思と力で実現するものである。ならば、どうすれば実現できるのか。これまた孔子が答えている。曰く、一日、己に克ちて礼に復《かえ》れば、天下、仁に帰す（顔淵）。また曰く、天子より以て庶人にいたるまで一に是れみな修身を以て本と為す（『大学《だいがく》』）、と。つまり、仁は克己して身をおさめることによって実現するのである。

結局、孔子が唱えた仁とは、祖先祭祀集団から析出された個としての人間が、自分自身の力によって克己・修身してこそ、自らのものとすることができたのであった。仁の実現・保持のためには、克己こそが不可欠なのである。ならば、その克己はいかにして、可能となるのか。

ここで再度、戦士としての孔子に立ち返らねばならない。すなわち戦争の時代である春秋末期に生きた孔子は、克己する力を、まさに戦士として生きる過程で錬磨・体得したのであった。それを雄弁に物語るのは、仁の実現と射術の修練との一致を説く孔子自身の言葉である。『中庸』◎で、つぎの如く述べている。

射には、君子のあり方に似たところがある。命中しないときには、責任を自分自身に求める。

『礼記《らいき》』射義◎にも、「射は仁の道である。正しさを自らに求め、自分を正したのちに射る。命中しないときには、自分に勝った者を怨まず、自らをかえりみて責任を自分に求める」とある（ほぼ同文が『孟子』公孫丑《こうそんちゅう》上篇に見える）。

いうまでもなく、これらは『論語』衛霊公《えいれいこう》◎の「君子は責任を自分自身に求め、小人は他者に求める」という記述を、射術に例をとって敷衍《ふえん》したものである。失敗の原因を他者にではなく、自らに求める、すなわち射術において象徴的にあらわれる「克己」こそが、仁へいたる道であり、君子のあり方であると論じ

◎**『中庸』**　原文は、「射は、君子に似たること有り。これを正鵠《せいこく》に失すれば、反《かえ》ってこれを其の身に求む」。

◎**『礼記』射義**　原文は、「射は仁の道なり。正しきを己に求め、己正しくして後に発す。発して中《あ》たらざれば、則ち己に勝つ者を怨まず、反ってこれを己に求むるのみ」。

◎**『論語』衛霊公**　原文は、「君子はこれを己に求め、小人はこれを人に求む」。

◎『礼記』射義　原文は、「射の言たる者は繹《えき》なり。……繹とは、各おの己の志を繹《たず》ぬるなり。故に心平らかに体正しく、弓矢を持つこと審固なり。弓矢を持つこと審固なれば、則ち射て中たる。故に曰く、人の父たる者は、以て父の鵠《まと》と為さん。人の子たる者は、以て子の鵠と為さん。人君たる者は、以て君の鵠と為さん。人臣たる者は、以て臣の鵠と為さん。故に射は、各おの己の鵠を射る」。

ているのである。

『礼記』射義◎にはさらにまた、つぎのようにもある。

射とは繹《たず》ねること、すなわち、己に問いたずね、自らの志《こころざし》を明らかにすることである。心が平らかで身体が正しければ、弓と矢の持ち方が安定し、安定すれば、的《まと》に命中させられる。それゆえ、人の父たる者は、射る的を父親の理想像と見、人の子たる者は、射る的を子の理想像と見、人君たる者は、射る的を人君の理想像と見、人臣たる者は、人臣の理想像と見る。かくて射る者は、それぞれが自分自身の的を射るのである。

このように、戦士にとっての修身は、射術における克己と不可分であった。己の的を射抜くこと、すなわち自らが理想とする自分自身になるためには、己自身を正しくすることが必要であり、そのためには己に克って、己の理想を明確にしなければならない、というのである。

また、克己に関連して、孔子が「勇」を仁の出発点としていることを指摘しなければならない。『論語』憲問《けんもん》には、「君子の道なる者に三あり」として、仁と知とともに、勇をあげ、「勇者は懼《おそ》れず」とある。さらに子路の問いにこたえて、勇者として聞こえた卞荘子《べんそうし》を「文《かざ》るに礼楽を以てすれば」、完成された人間と見なすことができる、としている。これについて朱子▲の注に、「勇は以て行《おこない》を力《つと》むるに足る」とあるように、勇が備わっていてこそ自らを励まし、仁を実現することができる、と考えられる。まさしく「義を見て為《せ》ざるは、勇無きなり」(為政《いせい》)であり、正義を実行するためには勇が不可欠なのである。つまり、己に克つためには、勇気を必要とするのである。

このように考えてくると、「我、戦えば則ち克つ」という孔子の言葉(五七頁参照)は、本来、戦う相手である敵に克つことを意味したが、それはとりもなおさず、自分自身との戦いに克つことをも意味している、と理解すべきである。上述の如く、血族的な共同体が崩壊し、祖先祭祀集団から析出された人々が自分自身を生きるようになったとき、孔子は、射術の錬磨の過程で己に克つ力を獲得し、それにもとづく仁愛によって人は結ばれるべきである、と主張したのであった。繰り返せば、祖先と人とが構成する共同体から、人と人とが構成する共同体へと移行するとき、人は他者にたいして仁愛をもって接するべきであり、そのためには克己が必要である、と唱えたのである。

▼**朱子**(一一三〇～一二〇〇)　名は熹《き》、字は元晦《げんかい》、号は晦庵《かいあん》。進士に及第して任官したが、後に帰郷して学問に専心する。宋代理学を集大成したその学は、朱子学と呼ばれ、中国を中心とする東アジア世界に多大な影響を与えた。その著『論語集注《しっちゅう》』は、孔子理解を深化させたが、時に自説にのっとり過度に合理主義的、文人的な孔子像を造りあげている。何晏《かあん》『論語集解』(五頁参照)が旧注と呼ばれるのにたいして、新注と呼ばれ、広く普及した。

戦士としての孔子は、克己する力を、射術を錬磨する過程で身につけた。ならば、それ以降の仁をめざす人々は、いかにしてその力を獲得するのか。たとえば『中庸』は、天が命じた自己本来のあり方、すなわち歩むべき自己の道を自覚し、その道を弛《たゆ》まずにおさめていくべし、と説き、そのためには、他人の耳目による観察がおよばず、自分が一人でいるときにこそ、自らを律し自らの言動を懼れ慎むこと、すなわち「慎独《しんどく》」が必要である、と教える。慎独とは、他者にかかわりなく、自らの力で自らの意識を誠実にし、自らを欺かないこと、つまり克己にほかならない。『中庸』の著者ともされる子思▲は、「自分の心に勝てさえすれば、他人に勝つことには何の苦労もいらない。自分の心に勝てず、どうして他人に勝つことができよう」（『中論▲』修本篇所引）とも述べている。

克己する力とは、時代や社会が自らに与えた課題を、ほかならぬ自分自身の力で解決・遂行していく努力精進の過程において、自覚的かつ能動的に獲得すべき心の力なのである。つまるところ、人を人として扱い、愛し思いやるため、「我は、我にこそ克つべし」、と孔子は訴え、歴代の儒家思想もまた、一貫して克己の必要性を唱え続けているのである。

▼**子思**　孔子の孫である子思の言行を記した書『子思子』は、古く『漢書』芸文志に著録されているが、その後散逸。現行の『中庸』、『礼記』表記、坊記、緇衣《しい》、『孔叢子《くぞうし》』記問、雑訓、居衛、巡狩、公儀、抗志などの諸篇のほか、近年出土の『郭店楚簡《かくてんそかん》』魯穆公問子思《ろぼくこうもんしし》、『上海博楚簡』緇衣などの多くの諸篇が、その逸文とされている。原文は、「能《よ》く其の心に勝たば、人に勝つに於いて何かあらん。能く其の心に勝たずして、人に勝つを如何《いかん》せん」。

▼**『中論』**　漢末魏初の思想家、徐幹（一七一～二一七）の著作。後漢末の混沌とした社会状況を目のあたりにして、国家や社会のあるべき姿を、孔子以来の儒家思想（中庸）を継承・展開させることによって模索した。「修本」は、己をおさめるの意。

孔子とその時代

紀元前	魯	齢	おもな事項
551	襄公22	1	孔子生まれる
549	24	3	父叔梁紇没す
537	昭公5	15	学に志す（志学）
535	7	17	このころ母顔徴在没す
533	9	19	宋の幵官氏と結婚
532	10	20	長男，孔鯉誕生
531	11	21	このころ季氏の委吏（倉庫の管理役）になる
530	12	22	このころ季氏の乗田（牧場の管理役）になる
523	19	29	このころから弟子を教育する
522	20	30	三十にして立つ（而立）
517	25	35	魯の昭公，斉に亡命。孔子も斉を訪問
516	26	37	斉より帰国
512	30	40	四十にして惑わず（不惑）
505	定公5	47	このころから『易』を研鑽する
504	6	48	このころ陽虎に仕官を求められる
502	8	50	五十にして天命を知る（知命）。叛乱者・公山不狃に招かれるも，子路の反対で果たさず
501	9	51	中都の宰となる。陽虎失脚
500	10	52	大司寇となる。夾谷の会で外交手腕を発揮
498	12	54	三桓氏の排除に失敗。公山不狃の叛乱を鎮圧
497	13	55	魯を去り，衛に行く
496	14	56	匡の地で，陽虎と誤認され拘留される。ついで蒲の地でも，公叔氏により拘留される。衛の霊公の寵姫・南子と会見
495	15	57	曹から宋に向かう時，宋の桓魋に謀殺されんとす
492	哀公3	60	六十にして耳順う（耳順）
490	5	62	晋の叛乱者・佛肸に招かれるも，子路の反対で果たさず
489	6	63	陳と蔡の間で，絶糧の厄に遭う。楚の昭王が孔子を招こうとするが，令尹子西の反対で果たさず
485	10	67	妻の幵官氏没す
484	11	68	魯に帰国。弟子の冉求，来攻した斉軍を敗る
483	12	69	長男の孔鯉没す
482	13	70	七十にして心の欲する所に従いて矩を踰えず
481	14	71	『春秋』擱筆。顔回没す。斉への出兵を請願
480	15	72	子路没す
479	16	73	孔子没す

※ 孔子の年譜は数多く存在するが，生年をはじめ，解釈によって大きな違いが見られる。ここでは李零『喪家狗』，張秉楠『孔子伝』，『孔子百科辞典』などの見解を適宜参照して作製した。

参考文献

○論語テキスト
金谷治『唐抄本鄭氏注論語集成』平凡社，1978 年
王素『唐写本論語鄭氏注及其研究』文物出版社，1991 年
陳金木『唐写本論語鄭氏注研究』文津出版社，1996 年
李方『敦煌論語集解考証』江蘇古籍出版社，1998 年
定州漢墓竹簡『論語』文物出版社，1997 年

○論語注釈・翻訳
加地伸行『論語』（講談社学術文庫）講談社，2009 年
黄懐信『論語彙校集釈』上海古籍出版社，2008 年
程樹徳『論語集釈』中華書局，1990 年

○孔子関連史料
宇野精一『孔子家語』明治書院，1997 年
小倉芳彦『春秋左氏伝』（岩波文庫）岩波書店，1988 年
滝川亀太郎『史記会注考証』東方文化学院東京研究所，1932-34 年
藤原正訳注『子思子』（岩波文庫）岩波書店，1990 年
藤原正『孔子全集』岩波書店，2001 年
徐元誥『国語集解』中華書局，2002 年
傅亜庶『孔叢子校釈』中華書局，2011 年
楊樹達『論語疏証』上海古籍出版社，1986 年
楊朝明『孔子家語通解』万巻楼図書有限公司，2005 年
楊伯峻『春秋左伝注』中華書局，1981 年
李啓謙・駱承烈・王式倫『孔子資料滙篇』山東友誼書社，1991 年

○孔子研究
加地伸行編『論語の世界』新人物往来社，1985 年
白川静『孔子伝』『神話と思想（白川静著作集 6）』平凡社，1999 年
瀬尾邦雄編『孔子・孟子に関する文献目録』白帝社，1992 年
瀬尾邦雄編『孔子・論語に関する文献目録（単行本篇）』明治書院，2000 年
張秉楠『孔子伝』吉林文史出版社，1989 年
唐明貴『論語学史』中国社会科学出版社，2009 年
李零『喪家狗』山西出版集団，2007 年
李零『去聖乃得真孔子』三聯書店，2008 年
『孔子百科辞典』上海辞書出版社，2010 年
『論語講座』全 6 冊，春陽堂，1936-37 年

○孔子の時代
岡崎文夫『古代支那史要』弘文堂，1944 年
高木智見「春秋時代の軍礼について」『名古屋大学東洋史研究報告』11 号，1986 年
高木智見『先秦の社会と思想』創文社，2001 年
顧徳融・朱順龍『春秋史』上海人民出版社，2001 年
杜正勝『編戸斉民』聯経出版事業公司，1990 年

図版出典一覧

『曲阜』中国鉄道出版社，2008	カバー裏
『曲阜――孔子的故郷』文物出版社，1990	扉, *3*上右
『曲阜孔廟孔林孔府』三秦出版社，2004	*3*下右, *3*下左
『孔子の原郷四千年展図録』旭通信社，1992	*1*
『江陵望山沙塚楚墓』文物出版社，1996	*49*上左, *49*下左
『上海博物館蔵戦国竹書（四)』上海古籍出版社，2004	*31*下左
『晋侯墓地出土青銅器国際学術検討会論文集』上海書画出版社，2002	*31*下右
曹錦炎『呉越歴史与考古論集』文物出版社，2007	*31*上左
『中国美術全集　彫塑編２』人民美術出版社，1985	*37*
『唐抄本鄭氏注論語集成』平凡社，1978	*8*下
馬衡『漢石経集存』科学出版社，1957	*7*
馬承源『中国青銅器研究』上海古籍出版社，2002	*31*上右
『文物』1981年6期	*55*上, *55*中右
『文物』1981年8期	*8*上左
鋒暉『中華弓箭文化』新疆人民出版社，2006	*55*中左, *55*下
『保利蔵金続』嶺南美術出版社，2001	*43*
楊泓『古代兵器通論』紫金城出版社，2005	*49*上右, *49*上中
揚之水『詩経名物新証』北京古籍出版社，2000	*49*下右, *82*
劉永華『中国古代車輿馬具』上海辞書出版社，2002	*35*
『歴史群像シリーズ　戦略戦術兵器事典１　中国古代編』学習研究社，1994	*89*
藤井祐二提供	*89*
シーピーシー・フォト提供	カバー表

高木智見(たかぎ さとみ)
1955年生まれ
名古屋大学大学院博士課程修了
山口大学名誉教授
専攻，中国先秦文化史
主要著書・論文
「修己と治人の間――漢代翕然考」(『名大東洋史研究報告』35，2011)
『内藤湖南――近代人文学の原点』(筑摩書房 2016)
「孔子――その行き過ぎた理想主義は欠点か」(『悪の歴史』清水書院 2017)
「子路――侠気の必要性を身を以て示した儒者」(『侠の歴史』清水書院 2020)

世界史リブレット人⑩
孔子《こうし》
我《われ》，戦《たたか》えば則《すなわ》ち克《か》つ

2013年4月30日　1版1刷発行
2021年3月31日　1版3刷発行
著者：高木智見《たかぎさとみ》
発行者：野澤武史
装幀者：菊地信義
発行所：株式会社 山川出版社
〒101-0047　東京都千代田区内神田1-13-13
電話　03-3293-8131(営業) 8134(編集)
https://www.yamakawa.co.jp/
振替　00120-9-43993
印刷所：株式会社 プロスト
製本所：株式会社 ブロケード
 ISBN978-4-634-35010-6